AF311584

CODE SOCIAL

Par B. MAZEL, Avocat.

PRIX : 3 fr

Se vend :

A MARSEILLE.

Chez Mme Vve CAMOIN, Libraire Place Royale.

—

1843

avocats tel qu'il est constitué et tel qu'il l'était avant la loi sur les coalitions n'est lui-même, qu'une coalition reconnue nécessaire et constituée comme pouvoir inhérent à l'existence du corps social ainsi qu'il en est du sacerdoce et de la magistrature auxquels il tient par les liens les plus intimes.... Mais j'en ai trop dit sur des droits et un pouvoir dont chaque avocat, à défaut de chef légitime qui représente la pensée de l'ordre, a la conscience intime. De plus érudits que nous trouveront des objections plus puissantes, et trouveront à leur tour de plus éloquents adversaires pour éclairer la question ; le rôle qui m'est échu est celui de trouver les moyens de discipline et d'ordre pour le faire passer de l'état passif à l'état actif comme il en a été de l'ordre militaire par la découverte de la statigée après celle de la poudre à canon et de l'artillerie ; cherchons.

<hr>

(Avant propos devenu nécessaire par le cours des événemens survenus dans la matière, pendant que je méditais sur la difficulté qu'elle présente.)

AVANT-PROPOS.

L'apparition du remarquable travail de M. Lamartine ayant pour objet de répondre par une disposition législative de nos chambres a la récente querelle qui s'est élevée entre l'université de France et de son clergé, et surtout l'insuccès de la tentative, ne peuvent manquer ici de jeter une juste défaveur sur les puériles efforts d'un homme obscur marchant, avec cet éclatant génie, sur une route parallelle vers la recherche de l'inconnu. Partageant avec lui et sans offrir la compensation d'un talent littéraire, l'épithète d'esprit malade donnée par le *génie borne* à tout homme qui donne ses veilles à la recherche de ce qu'ils appellent l'impossible, je n'en continue pas moins la publication de mon travail, dans l'espoir d'attirer ce génie dans la voie où se trouvent les moyens pratiques, puisqu'il va être forcé de reconnaître que le projet de loi dont il a donné l'esquisse à la chambre des députés impuissant pour commander à l'opinion publique dans tout ce qui regarde le changement organique de notre constitution, doit avoir avant l'opinion des chambres, celle du corps des avocats ligué passivement avec les conservateurs bornes pour la plus grande durée de ce qui est tel qu'il soit.

On ne peut organiser qae ce qui est organisable au moment où il y a urgence à organiser. Je continue donc mes recherches. Les hommes n'étant pas encore des anges quoique appelés à le devenir, quittons l'inspirée où on se plaît tant avec le poète législateur et redescendons sur terre pour remonter, par notre œuvre, encore plus haut que lui dans le Ciel.

TITRE III.

RECHERCHES SUR LES LOIS DE L'ORDRE.

—

CHAPITRE Ier

—

Puisqu'il s'agit *d'ordre*, et que c'est une pensée *d'ordre* qui nous conduit à la recherche de *l'ordre*, *l'ordre de nos idées* nous *ordonne* de commencer par rechercher ce que c'est que *l'ordre des avocats*.

Au premier aspect, nous voyons dans l'examen de cet ordre, que sa mission principale est de créer et de maintenir l'ordre, qui est la base fondamentale de *toute réunion* d'hommes, et nous ne disons pas encore de *toute société*, car il n'y a pas eu encore de société proprement dite parmi les hommes, la seule force de leurs besoins les a groupés par nations, départemens, provinces, communes, familles corps de métiers. Tel est l'aspect que nous présentent les réunions d'hommes qui cultivent le globe en vue d'y former enfin, UNE VASTE SOCIÉTÉ.

Ainsi, comme nous l'avons déjà dit, le premier acte réel tendant À L'INITIATIVE CONSTITUANTE DE CETTE SOCIÉTÉ, ne peut être qne le fait de mettre l'ordre dans l'ordre des avocats.

Entrons en matière.

Le but étant parfaitement désigné, il n'est donc plus question que de l'invention des moyens qui mettront l'application réelle de l'équité dans l'appréciation du mérite et du temps que chaque avocat mettra *à la réalisation de l'ordre*, et le seul examen de ce premier point capital, nous prouvant que l'ordre est de sa nature *une constante et perpétuelle application de son droit du moment, à celui qui le réclame*, nous n'aurons plus besoin d'organiser le corps des avocats en vue de la distribution de la justice définie par Justinien : *Constans et perpetua volontas ejus suum enique tribuendi.*

Le programme ainsi posé, en dehors des deux autres programmes *du Code social* et *du pain quotidien*, chaque avocat n'aurait pas manqué de nous faire l'envoi d'un projet de réglement, à peu près pareil à celui qui concerne l'administration de la justice (sauf la publicité, les lenteurs et les frais) ayant pour objet de faire régler tous les différents qui existent, par un tribunal amiable d'avocats acceptés ou imposés par la force de l'opinion publique. Ce serait presque ce qui existe, car la magistrature n'est autre chose que l'expression de la loi qui est elle-même le résultat de l'opinion plus ou moins bien consultée.

C'est donc le vice corrupteur de l'exercice de cette opinion publique, à la recherche duquel il faut se livrer pour l'extirper. Il faut donc quitter l'examen du premier problème pour se livrer à la recherche de l'autre, celui *de la réduction du Code social* qui, par cela seul qu'il est appelé à remplacer *le Code civil*, rend désormais *inutile*, l'intervention de l'ordre des avocats servant de *base* à ce code. Or *le Code social* devant procéder et procédant *par la constante et perpétuelle application du mérite ou du droit de chacun au mérite de tous les autres*, pour attribuer au mérite des avocats dépouillés de leur ancien mérite, le mérite nouveau d'avoir mis l'ordre dans le Code social comme ils ont maintenu le principe de son attente en pratiquant *le Code civil*, le nouvel ordre appelle les avocats à proclamer le principe nouveau : QUE TOUS LES HOMMES SONT ÉGAUX, NON PAS DEVANT LA LOI, MAIS DEVANT LE TEMPS ET DEVANT L'APPETIT QUE LA MARCHE DU TEMPS FAIT NAITRE POUR TOUS A PEU PRÈS A LA

MÊME HEURE, ainsi, tous n'ayant que 24 heures à employer chaque jour et qu'un seul estomac à satisfaire, tous doivent, avant toute chose, chercher le meilleur emploi de leur temps par la meilleure satisfaction de leur appetit matériel, afin d'arriver par suite et avec ordre à celle de leurs appetits sensuels, puis à celle des appetits spirituels, animiques, religieux et *autres reconnus utiles et profitables à la masse comme aux individus* ! Quel grand jugement !!

Pour arriver à la satisfaction régulière de ces appetits et de ces besoins, il faut les connaître, et pour régler l'ordre de leurs satisfactions, il faut connaître, dans chaque classe, ordre et genre de mérite]e dégré particulier de celui de chacun, selon l'emploi du temps qu'il aura appliqué à son exercice, et cette connaissance qui semble si vaste, le seul exercice d'un usage connu et pratiqué en civilisation va nous les donner.

Cet usage, C'EST CELUI DES ÉLECTIONS, ÉTENDU ET APPLIQUÉ A LA CLASSIFICATION DES MÉRITES DE TOUS LES GENRES PAR CEUX-LA MÊME QUI APPARTIENNENT AUX DIVERS GENRES DE MÉRITE DANS LESQUELS ILS DEMANDENT A ÊTRE ÉLUS ET CLASSÉS.

Prenons pour exemple pratique l'ordre réel à mettre dans l'ordre des avocats, pour classer chacun selon son mérite, en regard du nouvel ordre qui va s'établir à leur exemple dans toutes les professions.

Des comités d'avocats, sur la connaissance qu'ils acquerrent du présent projet, se groupent dans leur salle de conseil de discipline, dans toutes les localités de France en même temps sous la présidence de leur batonnier. Ils nomment un secrétaire, ils verbalisent, ils vôtent une cotisation pour subvenir aux frais de correspondance à établir avec le groupe central d'organisation qui est à ....., ils se mettent tous à l'étude du mérite du projet d'ordre qui leur a été adressé, ils nomment un Rapporteur, et le groupe passe aux voix pour l'adoption ou le rejet motivé DU PROJET D'ORDRE.

En cas d'adoption ou adhésion provisoire et conditionnelle, à l'adoption qu'en fera la majorité des autres groupes d'avocats de France, on procède à la classification du mérite parmi les avocats du groupe pour la localité.

Le ballottage onvert, chacun étant maître de se donner sa voix
pour être classé au rang du premier mérite , si chacun se donne sa
voix, rien n'a été fait, et l'on recommence, mais si un seul du
groupe a la modestie de se placer au 2ᵉ rang de mérite, et de reconnaître au premier rang un seul de ceux qui prétendent y être (ce qui
est sur) la force du bulletin fait descendre tous les autres au
deuxième rang avec lui , et c'est ainsi que la seule force des choses
et du principe opère la réelle et entière classification tenue pour
bonne jusqu'à l'époque du renouvellement annuel ou sémestriel
d'élection où la classification , qui change selon le mouvement des
mérites , comme il en est d'un renouvellement de la chambre des
députés.

Les mérites ainsi classés , le groupe classé va aux voix pour la
graduation du salaire ou honoraire , selon le temps que chaque mérite aura employé aux travaux dont il se sera chargé comme il en est
des descentes sur lieux et les expertises.

Après ce travail vient celui du rang que chaque groupe, selon l'im-
portance de la localité qu'il habite , doit prendre dans la hiérarchie
des mérites des diverses localités.

A cet effet, un ou deux députés de chaque groupe de petite ville ,
se rendent au chef-lieu de département pour voter comme il a été
fait dans les travaux d'un plus fort groupe qui a délibéré au chef-
lieu du département sur la classification des honoraires qui doivent
être plus importans dans les chef-lieux du département où l'on est
sujet à de plus fortes dépenses.

Les groupes de chef-lieu de département , (dans lesquels doivent
se former des sous-groupes, pareils à ceux d'arrondissement, pour
éviter la confusion des trop grands nombres), se livrent en regard
de ceux de Paris au même travail que les groupes d'arrondissement ,
pour députer, à Paris , de avocats chargés d'assister à l'organisation
des groupes de la capitale dans laquelle se trouvent des groupes d'arrondissement et de département, en envoyant tous leurs députés au
groupe central où arrive l'expression des volontés de tous les groupes
de France et d'où partent les ordres et réglemeots qui font fonctionner
tout le corps !! Celui des franc-maçons est un embryon de cet ordre.

A l'imitation du travail d'organisation de l'ordre des avocats, les avoués, notaires, huissiers, se livrent presque simnltanément au même œuvre, dans lequel ils entraîneront par l'exemple tout le reste des professions qui, dans ce travail, à cause de leur manque d'habitude dans les affaires, auront à réclamer de la part du corps des avocats, des milliers d'avis, et des milliers de rapporteurs et secrétaires, ce qui fera qu'à l'instant même, cent mille avocats inoccupés, auront besoin de secours de cinquante mille stagiaires.

Ce travail d'organisation appliqué à tout, est, sans doute immense, il est même infini, IMPOSSIBLE, aux regards de certains esprits trop forts ou trop faibles, pour lesquels hors du fini il n'ya plus rien ; mais ce travail est essentiellement susceptible de plus ou moins de perfection et d'application, ainsi que le prouve l'application partielle qui en est faite à la législature et à nos diverses branches d'administration ainsi organisées d'une manière occulte.

La destination finale de ce grand moyen d'ordre, de concours de puissance, est son application à la question radicale et primordiale de tout ordre : CELLE DE CONNAITRE LA MESURE TOUJOURS MOUVANTE DE TOUS LES MÉRITES ET DE TOUS LES PRIX, APPELÉS PAR CETTE MESURE D'ORDRE A SE TROUVER EN REGARD LES UNS DES AUTRE ET APPRÉTIÉS LES UNS PAR ET POUR LES AUTRES, POUR ARRIVER AINSI A UN VASTE ET JUSTE ÉQUILIBRE ENTRE LES PRODUCTIONS ET LES CONSOMMATIONS.

Ce point est capital, il faut s'y appésantir et le bien expliquer ponr les lecteurs paresseux, aux dépends de ceux qui saisissent l'intégralité d'un système par sa seule énonciation, il faut appliquer, il faut prouver qu'il est impossible que ce genre de ballotage du mérite par le mérite qui lui est analogue, n'amène pas à la plus juste et a la plus réelle appréciation.

Nous sommes sept, par exemple, il faut nous classer par ordre, et nous allons tous au scrutin dans la secrète pensée d'obtenir le suffrage de nos confrères, pour le plus honorable classement de notre mérite. Or la modestie étant un des caractères distinctifs du mérite, et l'orgueil un des caractères de la sottise ou de la médiocrité, il pourra très-bien se faire que celui qui aura brigué la première place la verra donnée précisément à celui qui se contentait de la dernière. Toutes les vertus seront donc en jeu et le résultat de leur jeu sera la découverte du vrai mérite, surtout si l'on n'oublie pas, dans cette appréciation, que le public par le premier jugement duquel les concurrents avaient obtenu leur place, sera juge en dernier ressort, du mérite, et la rectification que le corps classé pour lui aura fait, par la sanction qu'il doit donner à ce choix.

Ainsi, Paul que le jugement de la majorité de ses confrères avait dépouillé du droit au privilège de la faveur publique, continue à en jouir ; ou tel qu'il ne l'avait pas, l'obtient par le jugement de ses confrères, dans l'un et l'autre cas il y a question de savoir : si c'est le public ou l'ordre qui se sont trompés ? Nouveaux motifs, nouvelle recherche, qui trouvera sa solution dans l'extension du procédé électoral complexe et mutuel et non simple.

Par le procédé simple, l'élégible peut impunément tromper l'électeur, parceque celui-ci renonçant à la prétention d'élégible, est un instrument passif entre les mains de l'élégible ; mais dans le procédé complexe ou mutuel, l'électeur étant, dans le fait, nécessairement élégible, exige de l'autre élégible toutes les qualités d'un bon électeur.

Cette justice silencieuse et mutuelle, susceptible d'un appel incessant devant le public et le corps électoral lui-même, est le stimulant que demandent aujourd'hui les hommes, pour sortir de l'inertie et de la corruption où l'absence *d'émulation régulière* les a tous plongés; ainsi l'on voit l'eau des étangs tomber en putréfaction par suite des longs calmes de l'atmosphère.

Ce procédé tout simple qu'il est, a l'inconvénient ou le mérite, je ne sais si c'est l'un ou l'autre, *d'être entièrement neuf,* et de faire mentir l'adage *nihil novi sub sole* (le soleil n'éclaire jamais rien de nouveau), ainsi les érudits, dans l'œuvre politique de l'antiquité, sont mis au défi de rien signaler qui soit semblable à *l'élection mutuelle fractionnée jusques dans l'action du plus petit groupe qui fonctionne dans l'intérêt de l'humanité.* Ce procédé est donc d'une part, bien difficile à traduire sous la forme d'une peinture anticipée, tandis que de l'autre, il ne présente ni difficulté ni inconvénient à être.

soumis à un essai pratique, et si l'on avait à craindre les résultats d'une application trop sérieuse, qu'y aurait-il de plus simple que de l'expérimenter par une demi fiction ; comme qui serait : d'offrir une récompense graduée de 1000 fr. 700 fr. 500, 200, 100 fr. 50 et 25 f. à 21 calligraphes pris au hasard et appelés à classer et assortir par sept classes de mérite nº 1, 2, 3, 4, 5, 6 et 7. 21 pièces d'écriture exécutés dans un temps donné, de deux heures, pour chaque écrivain.

Ce fait expérimenté, je ne crains pas d'affirmer, que le jugement porté sera le meilleur possible, dans le délai qui sera donné pour qu'il soit rendu avec les conditions du programme. Ce programme portant retrait de la proposition pour cause de collision dans l'œuvre du jugement.

Je tiens que ceux d'entre les calligraphes qui seront doués de la faculté de mieux faire que les autres avec plus de temps, tout en convenant qu'ils font moins bien dans des conditions de vitesse, demanderont un classement tout spécial pour le mérite qui fait mieux dans la condition d'avoir plus de temps, d'autres selon leur prédilection pour telle écriture, anglaise ; ronde ou coulée, et enfin pour le mérite d'exceller en 2ᵉ ou 3ᵉ ordre *dans l'exécution de plusieurs genres en même temps*, demanderont un classement spécial pour briguer la priorité dans ce genre de mérite... Tant il y a que d'immenses effets sont prêts à sortir, *du procédé électoral mutuel*, par quelle classe qu'on le commence ; mais l'ordre des avocats ne déclinera pas l'honneur de l'expérience, en la dégradant par un essai sur la profession la plus disgrâciée du monde, et nous revenons à eux, parceque le dévouement est une qualité essentielle au genre de leur mérite et forme la base de leur vocation.

Continuons les exemples en passant aux cordonniers, marchons par le connn à la découvepte de l'inconnu.

Les cordonniers, tant ouvriers que maîtres, classés par ordre de métiers, dans les divers genres qui seront classés ; offriront à la consommation, sept classes de prix de leurs œuvres selon le dégré des mérites qui y auront concouru, à partir d'une valeur de cinq à celle de vingt-cinq francs la paire des soulliers qu'ils auront fourni ainsi des bottes , à partir du prix de 12 fr. à celui de 50 ou 60 fr. , lesquels prix offerts à la consommation des avocats, induiront, sauf exception (toujours d'un septième) , lesavocats au premier dégré de mérite gagnant 20 ou 25 mille francs l'an, à se sentir obligés , si non entraînés , à chausser les soulliers à 25 fr. la paire pour que ceux de dernier mérite à 1000 fr. l'an , puissent être de même chaussés avec de bons soulliers à 5 fr. la paire , ainsi , mieux qu'une croix d'honneur , les solliers et le chapeau de l'avocat de 1er mérite , apprendront au vulgaire , que le mérite est chaussé par le mérite sans aucune discussion de prix ni marchandage de part ni d'autre.

Il va de conséquence qne la vraie appréciation du mérite, appliquée à l'emploi du mérite , donne *la juste mesure* de la valeur de toutes choses, qu'elle enchaîne par une chaîne sans fin ; ainsi , la valeur du cuir formant la nature des bottes , déqendra elle-même , de la valeur du mérite appiliqué au temps qu'il faudra pour le labeur de la terre sur la valeur de laquelle s'est nourri le veau avec la peau duquel le tanneur et le corroyeur ont fait la tige des bottes.

La force des chosee , sans ordre , a déjà fait un prix d'un mouvement sans-cesee arbitraire , mais *l'ordre* seul est capable de leur donner *un prix véridiqoe ; un prix réel , un prix consenti , et en rapport naturel avec loutes les autres choses.* C'est là !! rien que là où l'esprit humain peut se reposer avec calme , pour chercher la solution pacifique du problème qui intéresse l'hnmanité, *celui du prix réel de toutes les choses* ! C'est là , directement là , fatalement là , que conduisent tous les perfectionnemens isolés et vains , que nous suggère notre faiblesse , dans le moment où sévit chacune ne nos souffrances , dont le temps , en fuyant emporte les cris.

Quelques-uns n'ont pas manqué d'objecter ici , l'inconvénient do ne pas avoir 100 fr. dans sa poche pour acheter quelque chose qui soit là où on se trouve, selon son caprice ; voyant, avec quelque raison, le bonheur suprême, dans l'exercice de cette faculté , et en effet ; l'ordre social accorde cette faveur dans certain cas et à cersaines époques à qui le mérite , selon certaine conditions accessibles à tous et chacun selon la classe où l'ordre l'a accepté , toujours par règle d'exception appliquée à un septième , c'est-à-dire que dans les

6/7 des relations, tons les services s'opèrent par feurnitures à l'année faite par une classe à toutes les autres, avec cahier des charges et garantie de bon service.

Ainsi, le corps des cordonniers a collectivement les fournitures de la chaussure générale, celui des tailleurs celle de l'habillement, celui des fabricants de drap la fourniture des corps des tailleurs, etc., en telle sorte, que chacun, selon sa classe, est crédité dans le corps fournisseurs, des choses dont le besoin peut être prévu, ce qui réduit à bien peu ce que vous appélez *le besoin de poche*, surtout à l'égard des hommes exercés à l'ordre, comme il en est de ceux qui connaissent *à fond* le service des omnibus et de teurs correspondances qui ont moins besoin que les autres des voitures à volonté.

Une carte de circulation à l'année peur tous les omnibus et diligences de France ne voudrait-elle pas mieux, pour la locomotion, que le service incertain, dangereux de la monuaie métaillique ou crédit de banque?

Sans doute, le temps par sa seule force, va faire dans un quart de siècle ceque nos efforts réunis peuvent obtenir de lui aujourd'hui même; nous lui avons dérobé son secret. Mettons-nous à l'œuvre, et léguons à nos enfans le bienfait qu'à leur tour, ils ne pourraient recueillir que pour leurs enfans, si comme nous, ils négligent de recueillir ce précieux héritage que la science des révélateurs modernes nous a transmis.

La nomenclatnre de ces révélateurs ferait un volume et nous nous bornons à citer les trois plus modernes, par rendre hommage au récnt mérite de lrurs travaux. Ce sont : Owen, en Angleterre et St-Simon et Fourrier en France, dans les écrits desquels nous avons puisé le courage de compléter par d'autres moyens pratiques, les efforts que leurs disciples tentent par des moyens devant lesquels les effets reculent toujours ; c'est donc à la lecture de leurs écrits que nous renvoyons nécessairement ceux de nos lecteurs qui voudront s'initier aux derniers secrets de *l'harmonie sociale du globe*, suite nécessaire et infaillible des teutatiles pratiques auuquelles nous allons nous livrer.

Quelques uns ont déjà dit, et bien d'autres le diront encore, que la masse civile n'est pas suffisemment préparée à ces travaux.

C'était aussi mon opinion, et celle de bien d'autres, le 28 juillet 1850, veille de la révolution, et cependant elle s'est produite et opérée avec une rapidité qui a tenu du prodige, et elle n'était pas anoncée par les prophéties politiques de l'époque, avec le dégré de précision qui caractérise le langage des révélateurs de l'ordre social que nous avons en perspective,

Pourquoi ce grand mouvement pacifique, auquel préludent les réunions pour les zolverains dans nos sociétés industrielles, ne serait-il pas déterminé par une tentative énergique et plus scientifique que celle à laquelle se sont livrés nos égoïstes industrlels, luttant de cupidité ou *civilité* et non de *socialisme* ? pourquoi de préférence, ne partirait-il pas d'une classe accréditée éminemment sociale et désintéresséecomme l'est organiquement celle des avocats ? Ainsi, n'y eut-il qu'une chance sur vingt pour la réussite il faut la tenter. Si dans un quart de siècle, audire de presque tous, l'opinion générale doi être mure par l'expérience, pourquoi ne pas la tenter aujourd'hui dût-on échouer ? Quest-ce qu'un quart de siècle, en regard de ceux qui sont passés et qu'il nous reste à passer. Les tentatives vers le bien laissent toujours de bonnes traces de leur passage !

Quelle est au fonds la grande difficulté qui arrête la solution de toules questions douanières ? C'est celle du prix des productions, et de la puissance des consommations, et cette ignorance du secret des prix et de la force des consommations et des productions, vient de *l'absence d'ordre* et de l'ignorance des lois *du pouvoir électoral étendu à toute la puissance humaine*, mais ces vérités sont senties, et il ne s'agit plus aujourd'hui que des meilleurs moyens de les mettre dans pratique, toutes les opinions demandent le secret de cette mise en pratique leur volonté devenue *la force d'en haut*, nous pousse invinciblement à tanter cette découverte.

Il y a bientôt quinze ans, que j'ai ouvert la marche de ces expériences pratiques, par l'organisation d'une vaste compagnie d'échange qui a compté plus de quarante mille associés commanditaires qni a et opéré en France, en Belgique et en Suisse, sous ma direction, pendant près de dix ans, dans un plus ou moins grand nombre de localités, plusieurs milions de transactions par échange. Plusieurs agenis de ce corps existent et opèrent encore à Marseille même, où les opérations par échange n'ont jamais discontinué.

Le procès-verbal de ces travaux, commencé il y a 7 ans et qui est en voie de continuation par celui de la présente tentative, forme un travail d'économie politique pratique dont la publication complète-rait le présent travail, mais son étendue exige que que le mérite de celui-ci, fort douteux, soit constaté par le sort réservé à la première édition.

Ma mission a pour but les travaux pratiques et non la promulga-tion des travaux scientifiques, c'est donc à cette fin que je reproduis à la fin du présent ouvrage, pour les lecteurs qui ne voudront pas faire l'acquisition des ouvrages de Fourrier ou de ceux de son école, un travail intitulé : *Introduction familière* A LA PRATIQUE DU SYTÈME SOCIAL *de Charles Fourrier*. (*) Peut être serait-il bien pour le lecteur étranger à la science dont je m'occupe, de suspendre ici sa lecture pour passer à celle du travail que je viens de lui indiquer.

Toute science qui forme corps d'action ou d'exécution doit s'étu-dier, comme il en est du code civil par la comparaison successive de la fin avec le milieu, et le commencement, *et vice versà*.

L'état des esprits, dans l'époque sociale où nous vivons, est, à mon avis, un état d'incertitude et de doute, d'où découle un excès de prudence dans le mouvement des actions comme dans celui des esprits, c'est celui qui produit le silence de deux armées au moment d'une bataille décisive ou d'un siège. Les premiers qui vont à l'assaut doi-vent infailliblement y périr. Heureusement que dans l'œuvre sociale, à l'encontre de celle des combats ou conspirations politiques, les plus hardis n'exposent que leur considéraion scientifique, leur fortune, leur santé même, à cause de l'abandon complet où se trouve le no-vateur trop hardi, et plus heureusement encore, j'ai conservé toutes mes facultés à peu près intactes, au sortir de divers combats que j'ai livrée et que je suis disposé à livrer encore, souvent méconnu et désavoué par mes timides compagnons de gloire !!

(*) Chez Senés, imprimeur, à Marseille, rue de la Darce.

CHAPITRE II.

—

PREUVES DE LA MATURITÉ DES ÉVÉNEMENS.

—

Etablissons la preuve que les esprits sont murs pour un grand essai et que les organes officiels chargés de porter la preuve de cette maturité à la connaissance du public, partagent la pusillanimité qu'ils sont chargés de cambattre, dès l'année dernière M. Michel Chevalier, nommé à la chaire d'économie politique, en remplacement de M. J. P. Jay, décédé, ouvrit son cours en présence des nombreux partisans des doctrines saintsimoniennes et fourrieristes, qui, dans la plus grande anxiété, attendaient de la bouche de ce professeur la condamnation ou l'apologie de ces deux doctrines, le professeur esquiva la difficulté par une promesse à laquelle une maladie lui commanda de faire défaut, et cette année-ci, au lieu de commencer son cours par la solution des difficultés qui l'arrêtèrent au commencement de l'autre, il a débuté par reconnaitre : la nécessité de la fondation *du crédit agricole*, dans notre patrie escentiellement agricole et *manufacturière*, en opposition avec le crédit financier et commarcial, mal à propos importé *de l'Angleterre essentiellement commerçante*, à laquelle il convient, à notre France agricole, à laquelle il ne convient pas.

Voilà le professeur sur la bonne voie, et chacun de croire que le mouvement agricole appuyé sur le crédit agricole nécessitant *l'association*, et l'ordre dans l'emploi des machines et des bras (comme il en est de l'artillerie et des mouvements d'une armée), le prafesseur abordera, d'emblée, *les difficultés sociales* longtemps élaborées et publiées par l'école sociétaire de Charles Fourrier! Pas un mot! Pas un seul met!

Mais à défaut de combinaisons neuves et sociales , nous aurons au moins le projet d'une compagnie de crédit agricole sur les errements du crédit commercial *complétement inapplicable* à l'agriculture et à la propriété telle qu'elle est constituée ? Nullement Et pourquoi ? C'est parceque le problème , ainsi posé , est d'une solution *impossible*. Le professeur se borne à bien dire , à gagner du temps , ou pour mieux dire à perdre le temps qui lui est payé , non en proportion de ce quil le gagne , mais en proportion de ce qu'il le perd. Force est donc à celui qui perd , en perdant le temps , de se dépêcher à donner un plan *de réalisation* de l'utopie de son crédit rgricole. Et ce qu'il y a de plaisant , c'est que le donneur des plans de réalisation est un *utopiste* , et que le donneur d'utopies sonores est un *réalisateur !!* C'est un effet naturel de l'organisation universitaire civile et non sociale !

J'ai donc formulé le contrat de fondation de la compagnie agricole de France, et l'on y verra que sa formule, comme toutes les précédentes , conduit d'une manière fatale , à la science *des combinaisons sociales intégrales* par lesquelles il faut toujours commencer ou finir.

Ainsi, quelque problème que l'on se propose, quelqu'abus que l'on veuille corriger , on est forcément conduit à remplacer toute injustice et tout monopole par un *pacte social* entre les individus qui souffrent de l'injustice , et si le pacte n'a pas pour but de déplacer cet abus ou cette injustice pour en faire peser le fardeau sur une autre classe non associée , il faut que la société protège l'intérêt de celui qui est dépouillé du privilège de se soustraire à une injustice ou de la faire peser sur d'autres , comme il protège celui qui invoque l'œuvre sociale pour y échapper. Il faut opérer *la transformation de deux intérêts qui souffrent l'un par l'autre ; en un seul intérêt qui ait la puissance de convertir en jouissance la douleur de tous ou de quelques uns* , ainsi, on vient de voir, le corps des avocats remplace le privilège insufflsant de plaider sur *les discordes civiles* , par celui bien plus grand et bien plus glorieux , de conseiller et d'enseigner les concordances sociales.

Mais c'est trop beau ! mais c'est impossible ! c'est impossible parce que c'est trop beau!! Voilà l'éternel argument. L'argument naturel de l'aveugle qui, la première fois, se trouve en face de la lumière, et en effet, c'était aussi trop beau pour nous tous, qui sommes familiarisés avec son éclat, le premier jour où elle frappa notre vue, et voilà pourquoi nous ne sommes point arrêtés par cette exclamation du vulgaire, dans l'œuvre de lui faire connaître *l'éclat de l'œuvre sociale en opposition* avec *l'obscurité* de *l'œuvre civile.* Avançons!! Voulez-vous voir, qui sera moins beau et plus facile a comprendre. Lisons au code civil la faculté qu'à tout homme de se déclarer père de tout enfant que son père naturel désavoue, c'est on des côtés faibles de notre code civil. Un père peut y avoir **10000** enfans tous frères aux yeux de la loi.

Ainsi pour en finir et conclure avec cette utopie comme avec les autres perfectionnements sérieux que réclame le malaise public, il faut toujours reconnaître ; *que l'appréciation la plus légitime de l'apport de chacun à la masse sociale selon son capital, travail et talent est l'unique but auquel il faut tendre*, et reconnaître que cette appréciation légitime ne peut sortir que du système complet d'élections que nous avons signalé, combiné avec ce principe : QUE LA LIBRE DISPOSITION DU CAPITAL MONÉTAIRE MÉTALLIQUE NE DOIT PLUS ÊTRE CONFIÉE A LA LIBRE VOLONTÉ DE CHACUN, comme il en est de la propriété de toutes les mines et principalement de celles d'or et d'argent, qui sont déclarées DOMAINE DU POUVOIR.

Si toutes les souverainetés ont reconnu et proclamé ce principe : que la propreté de la mine fait partie de leur puissance, pourquoi sont-elles demeurées en si beau chemin, par le fait de laisser aux particuliers le droit d'affaiblir cette puissance par celle d'enlever à la circulation par politique, avarice, oucaprice, les capitaux qui en sont sortis.

On répond à cela, que par l'impôt et l'emprunt, les souverains ont, jusqu'à ce moment, conjuré l'action de l'avarice ou de l'opposition systématique soit des particuliers, soit des partis entre lesquels ils ont gouverné par l'ingénieux système de la bassecule constitutionnelle ! Vains efforts qui n'ont abbouti qu'à marcher à travers le sang et les supplices, à la conquête des faibles garanties que nous possédons, et au silence politique des partis pour quelques instants !! Profitons de ce silence pour faire entendre la voix de la raison hors de tout parti, LA VOIX DU SOCIALISME !!

Un parti social voudrait se former aujourd'hui, à l'abri de l'heureux calme qui nous environne, mais a ce *parti social* il faut un drapeau, il faut un mot, une pensée autour desquels le sentiment d'une grande énergie s'allume. Ce mot est trouvé c'est *l'unitéisme*, enfant du *socialisme* et père de *l'intégralité du régime électoral*, quel est l'homme en possession de la confiance publique qui le proclamera ?

Mais ce moyen de perfectionnement social n'est pas nouveau nous dira-t-on, car il est invoqué à l'égal de la panacée universelle, par les journaux des deux oppositions. Oui ! mais ils oublient les uns et les autres, *que l'insuffisance de son application* est et sera toujours cause *de l'insuffisance de ses résultats*, tant que cette application ne portera que sur le choix des mandataires, dans l'oubli de l'organisation des mandants de la nation, a moins que ceux-ci, reconnaissant l'excellence du principe qui les a portés au pouvoir législatif, ne fassent usage de ce pouvoir pour étendre à la généralité de tous les mérites le moyen pratique par lequel ont été trouvés parmi les éligibles, ceux qui avaient le plus de mérite au privilége de la députation ; à moins encore comme il a été dit plus haut, qu'ils ne proclament le principe *de la mutualité d'élection* dans toutes les fonctions de la vie civile et politque ou *sociale* qui veut dire civile et politique en même temps.

D'autre part, on ne sait pourquoi, il répugne à l'esprit, d'admettre : qu'un moyen aussi simple et aussi long-temps en pratique que celui de l'élection, puisse avoir le merveilleux mérite de classer, avec ordre, tous les éléments sociaux qui sont, aujourd'hui, dans un si grand *désacord* ! et pourtant, cela est ainsi ! Comme était, pour Galilée, la *fixité du soleil* et *la rotation de la terre*, et plus cette pensée et le moyen qu'elle offre sont simples, et plus il est difficile d'en démontrer l'efficacité dans les résultats !!

Appliquée seulement aux élections politiques ; et sans mutualité le vote universel est la source de mille abus et de mille dangers ! Pourquoi ! Parce qu'il appelle le peuple a se prononcer sur des genres de mérite qu'il ne connaît pas et qu'il ne doit pas et ne peut pas être appelé à connaître. Ainsi, dans ce sens, l'institution du vote, comme celle du jury, se trouve faussée. Mais si par une épuration régulière des capacités de tous genres, jugées par les capacités pareilles ou analogues, on arrive à la mise en jeu des vraies capacités *spéciales pour la politique*, lesquelles ne se forment que par la multiplicité des aptitudes, il s'ensuit que le vote universel sera l'expression de la vérité et de la supériorité relative de tous les mérites et par suite, *de tous les prix* ! Mais avant d'entrer dans l'aride champ des trivialités sur lesquelles nous avons à faire germer le robuste rameau de *l'élection intégrale protecteur de toutes les libertés*, prenons des forces pour ce travail, dans l'examen *des subtilités idéales* sur lesquelles repose le code civil que nous voulons remplacer.

CHAPITRE III.

AUTRES JUDICES DE LA TENDANCE DES INDIVIDUALITÉS VU LES LOIS DE L'ODRE.

Pauvre troupeau civil humain, de quelle pâture intellectuelle étais-tu nourri avant l'apparition de ton évangile? Et toi, pauvre société chrétienne, de quel repos as-tu été appelée à jouir, dans le sein des codes civils auxquels tu n'as pu prêter le secours de ta loi d'amour *incivile*? C'est vainement qu'au prix du sang de tous tes martyrs tu avais déraciné, avec le pouvoir des grands empereurs convertis, *l'arbre gigantesque de l'égoïsme*, ses rejetons ont repris partout leur végétation parasite, les codes civils renaissent, en Italie, en Allemagne, en France, en Angleterre, etc., prenant pour base de leur puissance, celle, qui après avoir fait du globe un champ de carnage

avait précipité le peuple vainqueur et roi , dans le régime des proscriptions , et delà dans les *monestères* !! et dans le désert !!!

Le mot de *monastère* vient de celui de *monostare* qui signifie *rester seul* , *être seul* , et voilà qu'au renouvellement d'une époque à peu
près pareille à celle où la puissance *civile* romaine , *battait monnaie'*
par les proscriptions , notre puissance *financière civile* , battant monnaie avec les emprunts, après la suppression des *monastères* , enfante
le parti socialiste , comme les procriptions enfantèrent *le monde ché-
tien*. Et voilà que le *parti socialiste* privé de désert , invente le *phalanstère* qui , par opposition au mot *monastère* signifie *phalanstare* ,
RESTER ÊTRE EN COMPAGNIE ; ainsi le silence du *monastère* doit
faire place à *l'activité harmonique du phalanstère* , la *compagnie* a ses
lois comme le silence a les siennes , pour mieux arriver à la découverte de celles-ci , étudions bien à fonds , le *mécanisme* de l'autre.
Cherchons la dernière pensée de *Justinien* , l'auteur du code des codes dans le résumé qu'il fit faire par les docteurs en droit de l'époque ,
de toute la législation des temps écoulés à laquelle nos modernes
docteurs puisent encore leur science actuelle.

La justice est à ses yeux (de lui pouvoir duquel toute justice émane)
est une constante volonté de faire à chacun son droit : le droit est l'art
ou l'exercice de ce qui est bien et bon , le droit au bien naît de *l'obligation* , qui est *un lien du droit* , juris vinculum , qui enchaîne la
volonté de l'un à celle d'une autre , le jour ou cette volonté a été ex-
primée dans le CONTRAT. Le contrat est le consentement d'un ou plusieurs à une même chose *qui leur a plu* : Contractus est duorum vel
plurium in idem *placitum consuinsus*verus , de manière que le plaisir , la convenance , le placitum venant à cesser, le lien de droit , le
juris vinculum reste entier , et nous *astreint* par force , à faire ce qui
ne nous convient plus. Le contrat était , disait-on , dans son origine de
volonté et ensuite de nécessité , ab initio volontatis et post facto neces-
sitatis , le placitum était l'appat du piège dans lequel chaque contrac-
tant une fois pris , était enchaîné à la loi de la contrainte , à la justice de l'empereur Constant dans la volonté d'attribuer à chacun par
la force ce que son adresse ou son industrie lui avait fait conquérir
sur le consentement d'un autre. La science du droit était celle de con-

quérir par la ruse, le droit d'user de la force, la liberté de chacun était l'objet de la conquête ou convoitise de tous, elle s'achetait, se vendait, se gagnait sous forme d'obligation, appelée, comme nous avons dit, la *chaîne du droit*.

La force ou le droit fut donc l'unique objet des études de la science qui déserta l'étude de la *permanence du placitum*, de la convenance sur laquelle se fondait le droit. Un jour *d'attrait*, *d'attraction*, *de plaisir*, suffisait pour justifier *une éternité de contrainte*, tandis que si la justice eut été définie : constans et perpetua volontas *placitum* (et non jus cuique tribuendi, la chaine du droit n'aurait pas été instituée en nécessité, nous aurions la loi du bonheur au lieu de celle du malheur, de l'esclavage, enfin, on a pris la plus longue route pour arriver, et au lieu d'organiser le *placitum* qui forme l'origine et la cause de tous les contrats civils, on a organisé *les lois de la force* moins difficiles à découvrir ! On a organisé les armées; d'abord par agglomérations volontaires, ayant pour payement l'attrait du pillage et le bénéfice de réduire en esclavage tous les ennemis vaincus, ensuite par l'enrolement volontaire, puis forcé et c'est par là, qu'à force d'abus, nous sont parvenues *les premières lois de l'ordre* par la découverte *du prêt*, ou assurance de la nourriture, vétement et logement du soldat, sa discipline, son instruction, en vue de la force et de l'obéissance passive, la mesure, la cadance, la musique, la propreté, le luxe d'ensemble, mais le tout : *au seul point de vue de la destruction de l'homme par l'homme* !! enfin, l'application de l'armée aux travaux des fortifications, puis aux travaux publics, et ensuite aux voies de communication, ports et canaux, a donné à penser *que l'ordre pourrrait être introduit :* DANS LES GRANDS ET MENUS TRAVAUX AGRICOLES; mais de cette pensée, à celle d'occuper les femmes et les enfans, le distance n'offrait d'obstacle que celui de la découverte d'un genre de discipline à trouver, pour des besoins, des goûts et des intérêts si divers. Fourrier a osé aborder cette difficile tâche, de mettre l'harmonie au milieu de tant de discors et de disparâtes, il a même proclamé LEUR NÉCESSITÉ pour le maintien de l'accord. La morale a pris, à sa voix, un langage harmonieux à la place d'un langage austère. Il la fait le temple de l'harmonie, mais il n'a pas fait l'escalier par où le pied des *hommes civilisés* peut atteindre à la hauteur de cet édifice , il n'a pas indiqué et ouvert la porte ou la brèche , par laquelle les prisonniers enfermés dans le fort de la civilisation , pouvaient s'échapper pour courir à ce magnifique temple. Notre tâche est de signaler plusieurs de ces brèches , qu'on choisisse , car indépendamment de ce que le bel édifice attire , le vieil édifice des codes civils est prêt à crouler , et à écraser du poids de ses matériaux vermoulus , ceux que l'âge , l'infirmité ou l'invincible puissance de *l'habitude* retiendrait trop longtemps sous ses toits malsains et hideux. Mais ici, je m'apperçois que le zèle m'emporte et que j'oublie qu'à l'encontre des libéraux , la première loi qu'ont à s'imposer les socialistes , c'est de protéger la retraite du vieil édifice , et de soutenir sa ruine contre les ravages d'une complète destruction. Qu'il faut en conserver les ruines pour servir d'épouvantail vivant aux yeux des esprits faussés par les joies menteuses du privilège qui prêchent (comme aujourd'hui certains retrogrades) , le retour aux vieilles institutions !! Dans tous les temps, la nature agit sur l'homme , selon l'impulsion que le Créateur a donnée !

Par tout ce qui précède , on a vu : que tout perfectionnement, que toute critique , conduit fatalémént le penseur à grouper et classer les facultés sociales par GENRES , ESPÈCE , VARIÉTÉS , et à demander à chacun de ces groupes , sa volonté sociale ou particulière , résultat nécessaire du travail de l'urne et du scrutin. Ainsi , l'esprit du lecteur nous semble suffisamment préparé à juger la formule du *code des codes* , DU CODE SOCIAL , ainsi que je l'ai conçu , et que chacun l'aurait conçu à ma place , s'il eût médité sur la puissance politique du pain quotidien.

Et en effet , pour peu qu'on jette les yeux sur les doctrines sociales en matière de réalisation , l'on voit qu'elles sont aussi pauvres de moyens sur cette matière qu'elles sont riches d'expressions et de pensées en matière de prédication. C'est à ce point , qu'en présence des tentatives sans nombre , bonnes ou mauvaises , qui passent depuis 10 ans sous leurs yeux , je me suis surpris à suspecter , si dans l'esprit des gérants des feuilles socialistes , la crainte de voir l'attention publique se diriger sur les travaux des opérateurs plutôt que sur ceux des orateurs, n'a pas souvent retenu leur plume.

L'excuse de leur silence est dans la crainte qu'un si beau système ne soit compromis par la maladresse ou l'ignorance des opérateurs, et cette excuse a son côté sage et plausible, mais il n'est pas moins vrai, que derrière cette excuse, se trouve la continuation des souffrances du genre humain, toujours mieux servi par la témérité des hommes d'actions qui l'aiment d'un amour sincère, que par ceux qui s'aiment eux-même à l'égal de ce qu'ils aiment le genre humain.

Enfin, sous la date du 25 juillet 1845, après douze ans de l'obstination la plus coupable dans le refus d'examiner le principe de l'échange, la phalange vient à composition.

Dans l'examen qu'elle fait du vice des banques de France, dans les mains desquelles fonctionne presque tout le numéraire sans aucun profit pour le corps social, elle conclut par un calcul de nouvelle espèce, au moyen duquel l'échange du superflu entre communes, arrondissemens, départemens et nations, s'opère par compensation de comptes ou virement de parties de toutes livraisons en nature et les six milliards de numéraire insuffisants dans les mains des banques, se trouveraient sans emploi. Mais elle oublie toujours que pour opérer par compensation ou échange, le commerce organisé par association, procède par l'établissement des qualités et des prix, lequel procédé exige celui du régime électoral intégral appliqué A TOUTES LES CHOSES.

Mais pour comprendre la nécessité de ce régime, il faut que les peuples soient flagellés par la misère au milieu de la plus grande abondance de tout.

Le besoin d'échange se fait sentir et comprendre avant le besoin d'association et d'ordre.

Le boulanger sans chaussure ayant trop de pain et le cordonnier sans pain ayant trop de chaussure, et tous les deux étant sans argent pour faire l'échange, et ne pouvant faire leur échange sans argent que sous le régime d'une loi qui établisse l'ordre et le prix dans tous les échanges, demandent à grand cris cette loi d'ordre et d'association, qu'ils dédaignent tant qu'ils ne se rencontrent pas tous deux, et puis tous ensemble, en présence du triple inconvénient....

Fourrier et son école ont commis *la faute grossière* de mettre comme on dit, la charrue avant les bœufs. Enfin, il vaut mieux tard que jamais. Maintenant il ne leur reste qu'a quitter la voie du bon sens, pour retourner à leurs billevésées politico-sociales, qui ne valent pas les *trivialités de l'échange* pour les cordonniers riches en bottes et pauvres en pain, et les boulangers riches en pain et pauvres en bottes.

Il nous reste une difficulté capitale à conjurer, c'est celle qui a fait échouer tous les utopistes ou législateurs ; les uns devant le ridicule comme le père Enfantin, les autres devant la rigueur de la morale comme Babœuf. Elle consiste : *dans le degré de participation qu'il convient de donner aux femmes, dans la pratique des lois de l'ordre.*

La femme reconnue marchande publique, soumise à la contrainte par corps en matière de commerce, participe à l'ordre commercial devant l'autorité duquel la puissance maritale et les obligations de la maternité se taisent, puisque pour une dette commerciale, on peut, par la contrainte par corps, séparer la femme de son mari et de ses enfants.

Sousl'autorité civile du ministre de l'instruction publique, la classe des institutrices participe également à l'ordre, et enfin, sous l'autorité ecclésiastique, un grand nombre de ménagères vaquant aux fonctions du culte et aux œuvres de charité, y participent également.

Il n'y aura donc ni grande innovation, ni grande difficulté à admettre ces trois classes de femmes *au régime de la classification nouvelle, quant au mérite*, sous la direction des autorités avec lesquelles leurs rapports de discipline sont établis. Après le succès de cette première tentative d'ordre sur celles-ci, l'autorité sociale pourra tenter de nouveaux essais sur les autres classes, et, ce qu'il y a de certain, c'est que la classe galante ou prostituée, se trouvera bien diminuée par l'accès que l'ordre social lui donnera à une multitude de fonctions que l'ordre civil lui refuse, et par voie de double conséquence, la classe des libertins dont une grande partie suivra la classe galante dans les lois de l'ordre, sera contrainte à passer de la débauche à la galanterie, et de celle-ci à des liens affectueux légitimes.

Rien ne serait plus facile que de mieux préciser la pensée en cette matière, mais il arrive justement, qu'en cette matière, les lois de l'ordre commandent de donner à la pratique le pas sur la théorie. Le monde libertin et galant, honteux ou pudique de sa nature, aura toujours son régime occulte plus ou moins en harmonie avec les lois publiques de l'ordre social ou de l'ordre civil, et sans diminuer la somme de ses plaisirs, on aura les moyens de le mettre à l'ordre sans prostituer comme vient de le faire l'eloquent et bien intentionné auteur des Mystères de Paris ; la théorie du genre de bonheur que le Créateur offre à la créature par la luxure ; le démon de la luxure comme celui de l'argent, se mettront volontairement sous la grande loi DE L'ORDRE.

Tout s'enchaîne d'une chaîne magique sous cette admirable loi.

Ainsi, dans ce qui concerne la famille, par exemple, les calculs les plus simples ont établi : que lorsque la concorde y règne, et que le nombre des membres qui la composent peut aller à 20 personnes par exemple, chacun de ces membres trouve, par le moyen de l'accord, avec sa part contributive de travail ou revenu à 600 francs l'an, une somme de jouissance qu'il ne pourrait se procurer, seul, avec la somme de 6000 fr. l'an ; mais comme l'accord est jusqu'à ce moment chose difficile à maintenir en famille, chacun, dans son isolement, voulant avoir les jouissances factices ou fausses qui suppléent à celles de la famille qu'il préférait, s'il pouvait les avoir ; cherche hors de la famille une fortune de 120 mille francs, au lieu d'une fortune de 12000 fr. qui lui suffirait en famille.

La colonisation et le commerce ont été jusqu'à ce moment les moyens naturels de faire cette fortune dont l'emploi ne procurait le bonheur, qu'autant qu'elle était rapportée au sein de la famille, ou qu'elle était employée à la fondation d'une famille ; la guerre était aussi un autre de ces moyens ; mais ces trois grands moyens de fortune disparaissent aujourd'hui devant les effets qu'ils ont produit, devant les civilisations qu'ils ont créé ; la guerre a disparu presque partout. la colonisation a enrichi tous les sols des prodiges de la culture et de l'industrie, de telle sorte, que chaque colonie pouvant presque se suffire dans la majeure partie de ses besoins, le commerce borné, à l'échange du superflu de chaque nation ne peut plus servir d'aliment aux ambitions des grandes fortunes ; chacun est réduit à jouir *chez soi* de son abondance ; c'est à qui pourra mieux s'arranger pour mieux jouir, en paix, d'une fortune *accessible à tous*, et d'une fortune qui *s'augmente par la concurrence*, même que chaque nation, chaque corps et chaque famille se font entre elles dans le meilleur *arrangement* de leurs jouissances !!! On est contraint par la nature des choses, à *spéculer en soi*, plus *qu'en dehors de soi ;* on a la fortune en soi, elle n'est plus *hors de soi*, il n'y a plus de commerce à faire, chaque famille, chaque état, partagent la vie, entre les occupations combinées de l'industrie du ménage et de l'agriculture ayant conséquemment résidence en ville et à la campagne avec *faculté de locomotion* (équipage quelconque), dans cet état, chacun ne fait, à son voisin, d'autre guerre que *celle d'offrir aux mécontents de chez son voisin un plus grand bien être avec le même capital soit d'industrie, soit de rente.* On développe ainsi les jouissances de la famille, par l'extention du principe que nous appelons *ADOPTION.* Ce principe étendu *de la filiation à la fraternité* constituera ce que nous appelerons *la famille adoptive.*

La Direction de la famille adoptive, sera permise par le code social à certains patriarches remplissant un certain nombre de conditions.

L'établissement de la famille adoptive doit précéder celui *de la commune sociétaire*, celui-ci devant précéder celui du phalanstère parcequ'il faut *un ordre* dans toutes les *gestations* et les *créations.*

Je l'ai dit ailleurs (*), tous les hommes et toutes les femmes *comme l'admet bien funestement le code civil*, ne sont pas faits pour être chefs de famille, par cela seul qu'ils sont faits pour faire un certain nombre d'enfants. La preuve en est dans le sort malheureux des 6/7 de nos familles, et le compte inverse se trouvera dans l'établissement DE LA FAMILLE ADOPTIVE, autorisée par la loi sociale dans la personne des hommes qui lui fourniront *des garanties de succès*, en se préservant des excès par les précautions de la loi, et le *bienfait de la concurrence* attendu que la plus habile et la plus nombreuse famille,

---

(*) Dans une brochure in-8° de 150 pages, ayant pour titre : *Introduction familière à la théorie et à la pratique du système social de Charles* FOURRIER.

grandissant de l'imperfection des autres, s'élèvera au rang *de commune sociétaire*, comme celles-ci par le même véhicule de la concurrence élèveront la mieux combinée des communes au rang de *phalanstère*.

La famille adoptive sera, comme nous l'avons dit, à la famille simple ou naturelle, ce qu'est la fleur cultivée de nos jardins à celle que nos arides rochers donnent sans culture, et qui malgré cela, sont mieux pourvues d'arôme que celles de nos jardins. Toute la végétation jardinière, asperges, chicorées, artichauds, fruits sauvages et fruits cultivés se prêtent à la même comparaison. Ainsi, le procédé de transplantation et de greffage, produit sur la famille âpre et simple, ce qu'il produit sur le *sauvageon* ; il faut *greffer* celle-ci sur l'autre, et des résultats analogues diront bientôt par l'expérience, *toute l'analogie qui existe entre le règne végétal* et le *règne social*.

Les prescriptions de la loi civile, combinées avec celles de la loi sociale dans la prière, permettent *l'extention* civile *de l'adoption paternelle à l'adoption fraternelle*, et par conséquent, sans que les mœurs en souffrent, le rapprochement *du frère adoptif avec la sœur adoptive*, sauf la punition du renvoi, qui fait tomber les délinquants à l'état de fondateurs de famille naturelle et simple.

Les premiers, essais d'une famille adoptive sont faits et ont assez réussi pour encourager la science dans cette voie qui est tout à la fois artistique et scientifique ; conséquement, un socialiste, légiste, artiste, est seul capable d'y réussir avec les conditions d'âge et d'expérience et par-dessus tout de dévoument social et scientifique en vue de la charité et non en vue de la gloire.

La magistrature et le barreau ont un assez grand nombre de *Vétérans*, *d'Elite* capables de trouver les ineffables consolations de la vieillesse, dans une de ces bienfaisantes fondations.

Si de pareilles spéculations étaient arbitraires, on pourrait renrenvoyer à une autre époque, les premiers essais de fondations ; mais elles sont nécessaires, elles sont en germe actif et fécond dans les mœurs nouvelles. Des milliers d'embrions de famille sont là, avec les instruments du bien être, maison de ville , maison de campagne , habileté dans le cerveau et les doigts, n'ayant d'autres ennemis à combattre , que l'ennui d'un bien-être trop *isolé* qui dégénère en supplice, parceque le bien-être *expensif de sa nature*, ne peut, en présence de nos lois et de nos mœurs civiles s'échanger sans scandale et sans les craintes des plus grands malheurs !! car, si la concorde familiale est le plus grand bien que donne la terre, la discorde familiale en est le plus grand fléau. Le problème que ce besoin présente à résoudre est donc à la hauteur des plus grands dévoûments, il mérite les plus affec-tueux encouragements d'une autorité qui gémit de présider inerte et silencieuse, à la lutte qui existe entre de si grands maux et de si grands biens. Aussi, toute sa sollicitude est acquise à quiconque, dans son programme et dans sa personne, offrira des chances de réussite dans la solution de cette pressante difficulté, grande de son *actualité* et de son *étendue* à tout ce qui souffre autant par l'abondance que par le dénuement.

La loi qui fait le *père adoptif*, le *tuteur*, le *subrogé tuteur*, *les hospices*, ne peut-elle pas faire *un frère adoptif une sœur adoptive?* 2, 3, 4, 5, 6 et plus, avec certaines précautions et certaines règles? Déjà , l'accroissement miraculeux des tontins favo-risé par les exploiteurs de la rente en vue d'un sordide sentiment de cupidité, déplace la succession qui DE DROIT est dans la fa-mille , pour la placer DE FAIT, dans une masse confuse unie par le seul attrait *du bien-être matériel*, le code social va être assis sur *la famille sociale* ou *adoptive*, parceque le code civil ne protège plus assez efficacement l'essort de *la famille civile*. Et heureusement , la découverte du procédé *électoral mutuel* étendu à tous les dégrés de mérites , nous dispense de passer par les diverses transformations de la famille civile pour arriver à la constitution de la grande famille humaine selon la loi de Jesus-Christ.

L'édifice de la famille saintsimonienne, bâti sur le sable mouvant de la poésie n'a pas tenu un seul jour devant les regards de la loi ci-vile, parceque le novateur ne tenant aucun compte *de ce qui est*, se mettait en hostilité flagrante avec les mœurs actuelles qui , si elles dictent de nouvelles lois, ne peuvent, avant leur promulgation, s'affranchir du légitime joug des anciennes. L'ordre et la méthode quoiqu'informes avec lesquels procèdent l'Irlande et même l'Espagne dans la demande des droits imprescriptibles dont elles se sont laissé déposséder prouve que le genre humain entre tout entier par instinct, sinon par science, dans les lois de l'ordre sans lesquelles tout est confusion. Les divers partis français ralliés dans le symbole de la monarchie assise sur *le droit commun*, ne peuvent tarder à se demander, ce qu'ils entendent dans la théorie et dans la pratique, par *l'exercice du droit commun* ? à quels besoins et dans quel ordre de ces besoins, quand et comment et par quelles classes il faut commencer à appliquer ce droit. Le conseil des rats de la fable de Lafontaine va être l'emblème des futurs embarras dans lesquels va tourner bientôt la politique du *droit commun*.

Prise en flagrant délit de désordre parce qu'elle opère sous *l'anonyme civil* des journaux, voulant faire dans l'ombre, ce que *la justice civile elle-même* n'opère par sa constitution, que dans LE GRAND JOUR, la politique du journalisme cédera le pas *à la politique judiciaire*, ou bien elle entrera d'elle-même en PLEINE RESPONSABILITÉ, n'admettant au jour de ses colonnes que des travaux signés et garantis par leurs rédacteurs, elle étudiera la place qu'elle a dans l'ordre, et s'y rangera pour son plus grand bien et celui de tous.

Un exemple d'ordre en action quoique incomplet et informe se produira ici dans l'idée française que je communiquai vainement à la presse à l'occasion du premier élan de la France vers la construction des chemins de fer.

UNE PENSÉE FRANÇAISE

SUR LES CHEMINS DE FER.

—

La nation française est-elle dégénérée , comme il plaît à quelques uns de le croire ? est-elle incapable de faire pour la fondation définitive de la paix , et de la prospérité européenne , le mouvement énergique qu'elle effectua en quatre-vingt treize pour la défense de son territoire attaqué.

Je suis du nombre de ceux qui croient à la possibilité d'un mouvement héroïque de la part du peuple français ; je crois qu'une seule chose lui manque pour se lever comme un seul homme , C'est un but digne de sa grandeur !!!

Ce but digne de lui , ne serait-il pas , aujourd'hui , la création presque instantanée du réseau politique des chemins de fer , intimement liée à la fondation d'une deuxième nation française en Afrique ?

Le premier élan de ce mouvement donné à Marseille par quelques financiers poussés par l'instinct du lucre à la mode , ne pourrait-il pas être complété par un instinct de véritable gloire , et d'intérêt national ? Où est donc le nouveau Jésus qui prendra des verges pour chasser du temple de la gloire cette poignée de marchands qui l'avilissent par leur ignoble trafic ? Jusques à quand les millions , s'arrogeront-ils le droit d'éxécuter en dix ans par les mains d'esclaves salariés ce que la volonté d'un grand peuple peut faire en chantant dans l'espace de quelques mois ?

Un seul jour a vu la France mettre sur pied un million de gardes nationaux dans le seul but d'ôter à l'étranger jusques à la pensée d'intervenir dans nos affaires. Un seul jour ne peut-il pas suffire pour mettre sur pied, sur toutes les lignes du tracé des chemins de fer, cinq millions d'hommes, femmes et enfants suffisamment valides pour en exécuter les travaux. ?

Ne voyez vous pas que sur la France, pesent dix millions de rentiers oisifs, auxquels leur oisiveté pèse encore plus qu'ils ne pèsent eux-mêmes sur l'activité de ceux qui ont une trop grande famille à nourrir ? Que veulent ces oisifs, si non autre chose, qu'un mouvement énergique capable de les entrainer à quelque labeur qui les reveille et qui les honore !! Une carrière à toutes les ambitions ! Une occasion de faire briller leur zèle !.. Et en est-il une plus noble que la création subite du noble monument qui MANDIE SON ÉRECTION à la porte de quelques avares.

Arrière donc les avares avec leurs écus ; ces écus sont destinés aux salaires, et la nation Française n'a plus besoin de salaire pour l'érection de ses grands travaux, si elle a la conscience de son énergie.

Oui, trente trois millions de Français peuvent périodiquement fournir deux jours par semaine, cinq millions de volontaires actifs pour la censtruction des chemins de fer !!!.. le métier de travailleur, anobli par la volonté générale n'est-il pas aussi noble que celui du soldat en faction ? et n'a-t'il pas sur le dernier l'avantage de pouvoir être éxécuté par des mains valides, chacun selon le degré de force que la nature ou l'électricité générale lui auront donné ?... C'est bien, dira la raison, mais le ridicule, comment vous y prendrez-vous pour le terrasser, lui qui terrasse les plus grands colosses s'il trouve prise sur le moindre pli de leurs vêtements ! lui qui ne s'arrête qu'en présence des hommes prêts à répandre des flots de sang ? Eh bien notre première pensée va être soumise à l'épreuve du ridicule, elle va demander son passeport à Messieurs du *Charivari*, après quoi, uons continuerons l'œuvre, avec ou sans la permission du *Charivari*.

En attendant sa réponse, abordons sans détour, la question du ridicule : mettons nous en face d'une compagnie de désœu-

vrés de bon ton en gants jaunes , armés de ploches reluisan-
tes, au manche en acajou ou en palissandre , boutons en or
et garniture et velours de soie à la poignée, avec le restant
du costume approprié avec goùt à la convenance , est-ce quelque chose de plus ridicule qu'une compagnie de notaires , d'avoués
ou d'épiciers en bonnets à poil et en moustaches.

Nous ne parlons pas des enfants des deux sexes jusqu'à l'age
de douze ans , car tout leur va bien et ils font tout avec gráce ,
parceque la gráce , et la fougue forment le principal caractère de ces
áges heureux , nous les avons tous vus en habits de malheureux
vaquant à un malheureux ouvrage , ils sont pour près du cinquième dans les travaux répugnants , ils seront pour le tiers
dans ceux que ce nouveau genre d'organisation leur prépare.

Le tableau des jeunes femmes et filles de 15 à 35 ans occu-
pées à ce nouvel œuvre , est un peu plus difficile à présenter
gracieux Nous les écarterons donc des travaux de la terrasse , pour
les mettre à ceux de confection d'habits et autres soins du ménage que l'ambulance générale des grouppes de travailleurs exigera d'elles , nous les réserverons pour l'embellissement des fêtes
d'entr'acte , service de table et nombreux repas qui seront la
suite d'un tel exercice.

La mine jouant sur mille points à la fois dans toute la ligne ,
donnera par son fracas , tout à la fois salutaire et épouvantable ,
à cette bataille d'un nouveau genre , la même solemnité que
donne le bruit du canon à nos oisives et ridicules fêtes où tout
rappelle le carnage , à propos de plaisir , comme il en serait du
festin d'une horde de Cannibales ...... le ridicule n'est-il pas
là , s'il se trouve quelque part , y a t'il rien de plus ridicule que
la dépense d'un million faite en lampions , feux d'artifice ou ap-
pareil militaire , pour faire divertir 500 mille faméliques auxquels
il voudrait mieux donner une pièce de 2 f. pour souper chez eux ,
si le français , vraiment grand , n'aimait pas mieux se coucher au
bruit que font ses entrailles , que d'avoir à tendre la main pour recevoir la pièce qu'il n'a pas gagnée , quoique ce soit lui , à la
fin de tout , qui paie les frais de la ridicule fête qu'on lui

donne .... ne serait-il pas temps que la France ouvrît les yeux ? Elle a fait les croisades au moyen âge , la saint Barthélemy un peu plus tard ; les carrousels sous Louis XIV , la levée en masse sous le Directoire , le luxe des grandes batailles sous la conduite do son Empereur , enfin , elle a , dans trois jours , exécuté l'œuvre progressive de tout un siècle , pour en confier la suite à une poignée de gagneurs d'argent qui n'ont pas su comprendre la portée de la mission que la providence avait confiée à leur faibles mains.

Aujourd'hui que l'ère de la paix universelle commence par l'intimité , l'union et le rapprochement des peuples confondus par les découvertes de la vapeur, la France reine du monde par la place naturelle que la providence lui a donnée sur le globe , la France peuplée d'ambitieux de toutes les classes , dont le plus modeste se sent à juste raison capable d'occuper la place d'un sous-préfet , la France peuplée de soldats ayant chacun le bâton de maréchal dans sa poche ! La France placée en regard de cette multitude de royautés électives ou légitimes qu'offre en pature à son ambition la conquête de l'Afrique , de l'Asie et du reste des Amériques par le continent Européen... La France avec la conscience de son énergie , attend que MM. de la Banque ayant amassé quelques misérables écus , *à elle* appartenant en définitive , pour confier à quelques milliers de salariés , la lente éxécution des chemins de fer !! n'est-ce pas a qu'est le ridicule , n'est-ce pas là l'image du bœuf conduit à la charrue par un enfant de 4 ans.

Sait-on seulement ce que peut la France dans ce genre de travail ; en quelque heures ? A-t-on calculé ce que sont cinq millions de volontaires , mis en rivalité avec dix-mille salariés ? Sait-on que s'il faut dix ans de souffrance à ces malheureux pous exécuter un tel œuvre , il ne faut aux autres en tout qu'une décade passée en fêtes , pour exécuter le même travail ? mettons en dix , mettons en 20 , 30 , 40 , 50 , à cause de l'ordre et des calculs nécessaires pour préparer le jour de la simultanéité des travaux !.. Avant les pluies du mois de novembre prochain. La population de Paris étriendra celle de Marseille et le *Te deum* de la paix retentira enfin dans toutes nos églises en deuil de la gloire depuis trop longtemps. Alors, les financiers qui nous gouvernent se souviendraient que Napoléon vainqueur dans mille batailles et maître de tout l'or et de tout l'amour des français, ne croyait ses travaux finis que lorsque le *Te deum* avait retenti dans toutes les églises de France. C'est là que le peuple apprend le nom de ses bienfaiteurs !! Est-ce là que nos financiers ont fait retentir les jouanges de leurs prouesses. Derrière de pareils hommes , la France dort , puisse-t-elle se reveiller au bruit de ce nouveau genre de Marseillaise.

J'ai réproduit ces idées afin que la splandeur du mouvement qu'elles provoquent , stimulent les esprits timides à entrer dans la noble voie *de la foi en l'avenir.* C'est donc assez de préambules comme cela procédons , et procédons avec d'autant plus d'ardenr que dans le jien du droit civil, toutes ces belles aspirations sont de pures billevesées poétiques. Nous avons vu le fond , de la loi romaine , voyons le fond , de la loi francaise au code civil.

CHAPITRE IV.

—

DERNIÈRE PENSÉE DE LA LOI CIVILE.

—

A défaut de prévisions de la science législative, le code social ne pouvait pas tarder à sortir de la lutte que se livrent dans le code civil et le code penal articles 401 de ce dernier et l'art. 1133 de l'autre.

Le législateur civil, forcé d'admettre le principe : *que tout ce que défend pas la loi est permis*, s'est vu, d'une part, en présence des écarts de la licence du mauvais génie, pouvant d'une part aller dans ses écarts jusques à faire croire à l'existence de biens imaginaire contre lesquels il se ferait remettre des biens réels. C'est le mauvais génie que la loi appelle *escroc*, l'autre mauvais génie es l'égoïste ou le fripon, qui peut ériger en convention ce qui lui convient, à lui tout seul, sans aucun égard à l'interét général de la société.

Jusqu'où peut aller le génie de l'escroc dans ses combinaisons imaginaires ? En quoi consistent les bonnes mœurs que viole l'égoïste par le marchandage. Sur ces deux questions le législateur a gardé le silence, parceque les combinaisons sociales et morales, lui étaien commandées par la nécessité d'une loi sur les écarts *du génie* et *de l'égoisme*. il fallait, pour cela, avoir du génie et *la science des bonnes mœurs* et c'est ce que n'avaient pas les feseurs de loi de l'époque. ils possédaient la *science civile*, *l'art de mettre un impôt sur les écarts de tous les égoismes en lutte*, rien ne les invitait à *l'accord public*, spéculateurs qu'ils étaient, *sur la discorde publique* au moyen de l'impôt par l'enregistrement de toutes les *procédures ou procédés an-ti-sociaux.*

Si ce législateur s'était dit: La base principale des mauvaises « mœurs est *l'égoisme et l'avarice* ! deux hommes qui se mar-« chandent leur talent mutuel, chacun voulant que le sien fut « hors de prix et celui de l'autre sans prix , sont *en flagrant d'é-« lit d'égoisme ou d'avarice* ils sont en état *de mauvaises mœurs* , « Car si les bonnes mœurs signifient *la bienveillance réciproque* « *des hommes* le marchandage universel est un indice des mau-« vaises mœurs.

La dessus une coutume s'élève pour venir au secours du légis-lateur en défaut : car LE COURS *qui s'établit sur toutes les mar-chandises et talents Courants par le résultat public de la lutte qui s'établit par le marchandage , entre* les OFFRES ET LES DE-MANDES , mais une fois tombés dans le détail, ces valeurs Cou-rantes *dénaturées, fraudées* , échappent à la loi du Cours et vont atteindre, dans le dernier fait de l'usage de la petite con-sommation , celui-là même que l'usage du Cours , maintient dans la loi morale. Le négociant en gros , devenu législateur ,voit sur sa table , fraudés , melangés et hors de prix , les mêmes arti-cles qu'il a vendus au cours à l'épicier qui les a détaillés à la cui-sinière.

Ce qu'on appelle la canaille , mise *à l'œuvre du débit* envers la canaille , déprave , la canaille par des falsifications et des frau-des que l'autre canaille lui rend avec usure a dire d'experts. Il a fallu faire la loi sur les falsifications.

Mais si le cours avait eu la puissance de maintenir les bonnes mœurs ou la vérité dans le prix des choses *enlevées au marchan-dage* , ou FAUSSE APPRÉCIATION , pourquoi ne pas étendre le bien-fait du cours dans la vente au détail de ces mêmes choses ! pour-quoi , parceque c'est trop difficile disent quelques uns , parceque c'est impossible disent les autres.

Le code des bonnes mœurs dont la loi civile (art. 1135) exige la pratique , est donc impossible !! la loi civile *possible puis-qu'elle est* un fait , a demandé *l'impossible* Dans l'art. 1133, donc la loi civile qui est **un fait** aussi est *une chose impossible*. Voilà l'argument !

On répond à cela, non la loi civile fait tout ce qu'elle peut , en fait de maintien et d'exercice des bonnes mœurs ; elle a obtenu en fait de pratique des bonnes mœurs , *un espèce d'équilibre* c'est-à-dire , autant de fripons que d'honnêtes gens, elle a partagé le monde en dupes et fripons qui réciproquement et alternativement chacun son tour , dans chaque cas , se dupent et se friponnent. *Voilà le possible !* voilà ce qui est ; et vouloir le changer , c'est aborder *l'impossible* , c'est se mettre dans le délit prévu par l'art. 401 , si on induisait un public , A LA FOI EN CES CHOSES IMAGI-NAIRES contre lesquelles on se ferait remettre des biens réels : oubliant que c'est le code qui a *Imaginé* la pratique des bonnes mœurs, qu'il a défendu la pratique des mauvaises ; mais oubliant aussi de dire : *en quoi consistent les bonnes et les mauvaises mœurs.* Nous l'avons donc dit à sa place sans rien imaginer , nous avons signalé *la bonne pratique* DU COURS , *réglant véridiquement la majeure partie des choses de la vie civile et demandant à régler les choses de la vie civile ainsi que de la vie morale ou sociale.*

Nous voilà donc lavés du reproche injuste et effrayant *d'imagination* envers les gens qui n'aiment pas à *imaginer* et qui n'aiment pas *qu'on imagine*.

Disons ce qui est , et contentons-nous d'en étendre *l'application* jusques aux limites du possible selon les hommes qui tremblent devant *l'imagination* , marchons terre à terre !!

Le titre préliminnaire du code civil art. 6 de ses dispositions générales porte :

« Nul ne peut déroger par des conventions particulières aux lois qui intéressent l'ordre public et les bonnes mœurs. »

L'ordre plublic c'est la loi préexistante au code , et non encore définie ! — les bonnes mœurs consistent dans les bons usages même les mauvais reçus pour bons.

Cette disposition signifie que le législateur seul , éclairé par les oscillations de la jurisprudence dans les coutumes et mœurs nouvelles qui , veulent pénétrer dans *l'ordre public* où la loi , est seule appellée à fixer le moment ou ces *dérogation* sont permises.

En quoi consisteraient aujourd'hui ces dérogations, tant à l'égard *de l'ordre public que des bonne mœurs* ? elles consistent dans l'oubli du respect dû aux contrats de mariage , aux lois de la filiation ou des successions , de la puissance paternelle et de la tutelle, a celles de la pudeur publique dans le relation des sexes , a celle des bonnes manières , du langage régulier et décent dans les réunion à celles du respect dû à l'enfance et à la viellesse ; mais tout cela , dans la limite *de l'amour de soi humain* INDESTRUCTIBLE CHEZ L'HOMME , parceque l'amour de soi est la base de toute existence de toute vie dans tout corps animé , soit individuel soit collectif comme *la famille* , *la Province* , *la Nation* qui doivent avoir leur égoïsme , dans les limites de l'ordre.

L'économie animale de tout corps collectif doit donc consister ; dans la meilleure loi ou organisation , qui , de l'égoisme ou amour de soi privé , de l'égoisme familial , de l'égoisme provincial et de l'égosme national , ne fasse qu'un seul et même égoïsme , afin que ces égoïsmes nationaux confondus comme ayant puisé à une même bonne source commune , forment *l'égoisme* , *convergent sur lui même* , *a raison de ce qu'il est seul* , et qui , parvenu à ce point , prend le nom sublime et divin D'UNITEISME qui signifie convergence , convenance et accord de tout les *égoïsmes*, UNITÉ, DIEU , ainsi la confusion de *l'égoïsme le plus étroit* avec *l'uniteisme* est le but final de la création , la solution du problème posé par l'art. 6 de notre code civil. Ce sont ces deux puissances qui luttent dans le langage que tient O'Connel et l'attitude de Villington , le premier défendant l'intérêt étroit de l'Irlande que l'autre a mission de sacrifier a l'établissement de *l'unitéime* commercial dans l'Angleterre prend l'initiative sur tout je globe ; par le bon marché qu'elle obtient de la misère d'une populations de 12 millions d'Irlandais. que ferait l'Angleterre sans la misère des Irlandais qui lui produisent pour rien , les valeurs qu'elle emploie à la conquête commerciale du monde ? la réduction de deux heures de travail sur le travail de ses ouvriers suppliciés entraînerait la ruine de sa souveraineté industrielle.

Le code social fondateur de la puissance à laquelle préludent les diverses fondations agricoles de Mettrai, Osvald, et celles des environs de Paris sous le patronage de M. le Comte Portalis, peut seul conjurer, par le bien être physique et moral des peuples, la puissance funeste que l'Angleterre veut élever sur leur ruine morale et leur dénuement, l'apparition de ce code, et l'accueil subit qu'il peut recevoir du bon sens des peuples, jettera sur ces masses d'hommes prets a s'exterminer faute de s'entendre, *l'éclair de raison* qui peut suspendre leurs coups.

Arrière donc tous les égoïsmes y compris celui d'Oconnel et de Villington, tous deux prechant la DOCTRINE DU SACRIFICE et voulant que les peuples se sacrifient et *s'immolent*, pour le triomphe d'un principe *d'immolation*!!! C'est le retour a la barbarie et aux hécatombes !! Tandis que c'est le bonheur de tous qu'il nous faut par le bonheur de chacun. Et non la maxime universelle à laquelle conduisent les hécatombes de Barcelone, de Warsovie, de Dublin, Beyrouth et autres lieux d'immolation où des peuples entiers ont péri POUR LA PLUS GRANDE PROPAGATION DU MARCHANDAGE.

Enfin, la dernière preuve, et preuve sans replique, de l'aveuglement de toutes les opinions et de tous les partis sur les propriétés inhérentes au marchandage et-au numéraire, c'est que leur division s'arrête en présence du vote final du budjet. Là, tous les partis sont d'accord sur la *nécessité d'une réduction impossible*, ce qu'ils appellent le *déficit* va toujours croissant, parcequ'à mesure que la vie sociale anime de plus en plus le corps social, son pouls s'élève en intensité ainsi qu'en vitesse. Le sang de ce corps c'est l'argent qui demande à circuler dans toutes les vaines, pour que tous les membres paient à la vie sociale le tribut d'activité qui leur est imposé par l'économie de leur construction, et là, chacun oubliant, avec *trop juste raison* qu'il fait partie d'un tout, apporte dans le jugement qui lui est demandé sur *le besoin de ce tout*, les mêmes principes qu'il applique au jugement de son malheureux individu isolé du tout, et il se dit : Qnand j'ai donné mon argent, combien n'ai-je pas de mal à le faire rentrer dans mon coffre pour en avoir au service de mes besoins futurs ? donc le moyen le plus sur d'échapper à cette peine est d'en donner le moins possible : DE MARCHANDER !! Or, ce qui est reconnu sagesse à l'égard de mon individu, doit l'être à l'égard de l'état formant un individu ; donc, l'état doit dépenser le mo.ns d'argent que faire se peut, puisqu'il a tant de peine à le faire revenir, témoin celle que j'éprouve à lui en donner quand il m'en demande, et qu'à mon tour je lui en demande toujours beaucoup plus que je ne me sens disposé à lui en donner !!! Voilà le sot argument qui conduit le monde, le seul auquel personne ne trouve mot à repliquer, ne voyant pas que dans les limites de sa puissance, l'état qui semble dépenser ne dépense pas, que lorsqu'il donne à un des membres qui font partie de son corps et malgré lui et malgré eux-mêmes, il se donne à lui-même et n'est jamais dépouillé ni appauvri ; seulement; que l'influence domine là où passe plus souvent l'argent, comme s'allourdit celle des poches dans laquelle chaque individu distribue plus ou moins d'argent, n'appauvrissant celle du gilet qu'au profit de l'une ou l'autre de celles du pantalon.... Il faut du trivial pour être compris dans le sujet le plus trivial du monde ; il faut *maîtriser* le mouvement de l'argent en lui donnant le contrepoids de l'échange ou prix naturel et électif de toutes les choses. Alors, et alors seulement, tombera le sot et juste argument que nous venons de signaler à la logique sociale.

C'est donc la science de la *distribution* de la *circulation* et non celle d'une étroite et sotte *réduction* qu'il faut étudier !! Il faut savoir que l'embarras des richesses est la plus sotte et la plus impardonnable des pauvretés ; il faut agrandir et non rappétisser ce qui est de sa nature si élastique qu'il devient un géant ou un mirmidon selon qu'il est travaillé par la main d'un Agamenon ou bien d'un Thersite !! Que manque-t-il à l'ignoble colosse anglais pour être salué grand comme le père des trois Horace sur le cadavre de ses enfans immolés ? sinon que les tétes visibles de ce colosse lourdes du poids de nos dépouilles, cessant de promener l'égoïsme, le spléen et le suicide à la surface du globe sur lequel seules, elles ont le DROIT DE PARCOURS, et prenant notre langage au lieu de nous imposer le leur, nous donnent l'espérance d'une organisation qui justifie le sacrifice par la grandeur des résultats !! Qu'un droit aveugle et absurde de succession à la fortune acquise par les talents ne soit plus dévolu chez eux à la stupidité qui ne se produit parmi nous, que sous la formes de chevaux mieux vêtus et mieux nourris que ne sont les plus aisés de nos hommes de quelque mérite.

Le sceptre du monde échappe des mains du colosse anglais, par le brutal oubli où il est tombé : de la loi qui justifie les grands sacrifices par la grandeur du motif et des résultats. C'est donc *dans les mains de la FRANCE HUMAINE* que ce sceptre, demande à être placé, si de la charité ou humanité, la France s'élève à la foi dans l'espérance du bonheur des hommes !!! De quelque côté que la puissance politique ambitionne le sceptre du monde *qui veut se donner*, il faut que la puissance qui le conçoit s'explique sur la largeur des bases nouvelles qu'elle veut donner *au gouvernement de l'humanité* par l'abolition du *marchandage* PAR SA TRANSFORMATION, car la loi *n'abolit rien*, elle justifie et explique tout. Oui ! *la licence d'appréciation*, le marchandage, cette ignoble coutume, basée sur la maxime de nos modernes économistes : *laisséz faire, laisséz passer*, qui donne au plus ignorant et au plus infirme, le droit de dépréciation sur l'œuvre du plus habile, et à celui-ci le droit d'appréciation sur l'œuvre du plus inhabile, constitue le plus parfait renversement de toute la loi d'harmonie et d'ordre, il constitue le meurte de *l'unitéisme* par celui de la lutte établie entre tous les égoïsmes, pour le plus grand mal possible de chacun. Voilà *l'ordre public* actuel, auquel il ne serait pas permis de déroger par des conventions particulières. Si la lettre morte de la loi pouvait régner sur l'intelligence !

Frappé plus que personne de *l'énormité* de cette violation de la grande loi de la création par la loi civile, je voulus un jour, *déroger* à cette loi *d'ordre civil*, en me déclarant le régulateur suprême de tous les services que 50 mille familles pourraient avoit à se rendre sous ma direction je me constituai le suprême arbitre de la valeur directe ou relative des services que J'ORDONNERAIS a tous ceux qui se mettraient *sous mes ordres* ou pour mieux dire sous la loi de l'ordre à laquelle je m'étais soumis.

50 mille chefs de famille ou d'attelier *dérogèrent* avec moi. en s'y mettant, a la loi qui *sanctione le marchandage*, et qui laisse à une justice trop lente et trop couteuse pour le petit marchandage, le soin de mettre un frein à l'abus du prix.

Nous fonctionnames, sous la protection de la loi civile, esentiellement hostile à nos conventions, ce qui veut dire, qu'en nous protégeant d'une main, elle tenait l'autre ouverte pour nous frapper lorsque le conflit matériel réaliserait parmi nous le conflit moral, constitué par l'action de nos deux forces antagonistes.

Une minorité parmi nous viola la loi qu'elle s'était faite de prendre pour arbitre suprême du prix des services qu'elle avait rendu, celui la seul qui pouvait donner le prix social convenable a ces services. La *main sociale* de la direction eut besoin de la *main civile* pour appréhender *la marchandise* que le socialiste avait déclaré mettre a la disposition du directeur social et qu'il refusait, ne fut ce que pour experimenter *la force légale* de la direction ; attendu que cette direction manquait de la loi de l'ordre ou d'appréciation de toutes choses que nous cherchons en ce moment.

Un acte public *paré* aux écritures de Me Bonneveau notaire à Lyon, revetu de la signature d'un grand nombre de marchands, et artisants, portait et porte encore : « Qu'à la requette du direc-
« teur social, l'huissier porteur de la grosse éxécutoire du dit acte,
« aurait la faculté d'appretier, apprehender, et livrer lui-même a qui
« serait ordonné par le directeur, telle quantité limittée de
« marchandise ou d'objets qu'il trouverait dans l'attelier ou do-
« micile de tout souscripteur de ladite obligation et cela, non

obstant tout opposition.

C'est devant l'éxécution de cet acte fondamental de toute œuvre sociale, et de tout progrès dans l'ordre et l'activité nécessaires à l'industrie que s'est arrêté le grand mouvement imprimé a l'œuvre.

L'huissier civil, ayant sa charge et sa considération à risquer, n'a voulu devenir *huissier social* qu'avec une consultation motivée émanée, non d'un avocat ou deux d'une localité, mais de l'ordre des avocats de Paris, assemblé pour délibérer sur la légalité de *l'exécution sociale*, laquelle saisit et livre *en nature* sans procéder par remise du prix en argent résultat de la vente publique aux enchères, et personne n'ignore que celle-ci ruine le saisi, en vue de lui conserver le droit d'en ruiner à son tour un autre lors qu'il sera saisissant.

Ainsi par exemple, s'il s'agit de la livraison d'une paire de bottes réfusées, l'huissier social opérant par abonnement, estime les bottes 20 francs, les prend, les livre à celui qui les demande, dresse procès verbal au coût d'abonnement de dix francs par an dont il se paye par une paire de souliers, et tout est fini par l'offre qu'il fait au bottier de lui faire livrer à son choix chez tout autre, pour une valeur des trente francs qu'il a pris chez lui.

L'huissier civil aux termes mal entendus, à mon avis, de la loi civile, doit saisir pour le montant de la paire de bottes refusée et des frais à faire jusqu'à fin de vente publique, lesquels allant au-delà de 100 fr. exigent après les délais pour le payement de 100 fr. de frais et 20 fr. de capital, l'enlèvement de 12 paires de bottes dont le prix aux enchères ne va pas jusqu'à 10 fr. la paire, soit 120 fr. sur lesquels le saisissant reçoit, *deux mois après sa demande*, une pièce de 20 fr. pour acheter une paire de bottes, dont le principal mérite pour lui était de les recevoir au moment de son besoin, et le bottier saisi perd 12 paires de bottes.

L'inconvénient du retard est bien autre chose s'il sagit d'un repas de noce ou tout autre, d'une entrée au théatre, ou de la prise d'un bol de punch !... le cas est risible, c'est vrai, parce que cette manière de procéder est neuve ; mais après que les premières résistances ont été vaincues , et que le mouvement des échanges s'opère avec la facilité et la splendeur qui est la conséquence de cette facilité , c'est la ruine civile du plaideur qui excite le ridicule et non le salut du socialiste récalcitrant , et c'est alors , qu'à l'exemple d'un certain pacha de Constantinople , l'huissier porteur de la grosse exécutoire pourra dire au bottier récalcitrant : Voulez-vous *l'exécution sociale* ou *l'exécution civile* ? La justice turque ou la justice française qui a le grand mérite de ne finir qu'avec l'argent du plaideur..... La loi civile nous dit ici que les frais sont *la punition* naturelle du débiteur qui s'écarte de l'ordre établi pour le payement, mais la loi sociale qui opère par raison et *attraction* et non par *punition*, qui répugne à la peine de frapper pour *faire de la peine*, est HOSTILE AUX FRAIS , elle *socialise* et ne *civilise* pas. Aussi entre l'homme socialisé *sans peine* et l'homme civilisé *avec peine*, il y a toute la différence (et qu'on nous passe la comparaison en faveur de la justesse) qui existe entre le cheval du cirque de Franconi , *dressé par les caresses et le sucre*, et le mulet du paysan , *dressé à coups de bâton.*

Enfin ce jour de justice est venu , puisque le *bâtonier* de l'ordre des avocats de Paris demande aux approches de 1844 , ce qu'il me refusa de juger en 1834 : savoir quel est le mérite du code social en action ?

Pendant ce temps l'esprit public a grandi au point d'être devenu esprit social , le *droit public* est devenu *droit social* , et il ne s'agit plus aujourd'hui d'une consultation sur un point de droit en procédure , n'ayant d'autre portée que celle d'acheminer l'esprit aux idées pratiques du code social. Mais il s'agit *du code social* lui-même *sans procédure* assis sur des *procédés sociaux*

Eugène Sue , d'accord avec plusieurs membres distingués du Parquet de France , sur ce point : « Qu'en matière de mœurs « et de morale et à plus forte raison en matière civile et d'é- « change les 3/4 des Français composant la classe ouvrière , « sont mis hors la loi par la disette d'argent » , signale aux

gens du monde , en termes les plus énergiques dans le feuil-
leton des *Débats* , cet immense abus auquel il est temps de
porter remède ; mais du haut de la tribune nationale , une voix
austère signale aux législateurs l'abus que fait l'écrivain de la liberté d'étaler à tous les yeux l'horreur de notre plaie sociale !!
il faut pour les oreilles de l'orateur , que la victime suppliciée
exprime sa douleur en bonne musique , enfin tout débattu , on
est d'accord qu'il faut procéder à la rédaction de la loi qui va
réintégrer le pauvre dans ce que la *Gazette de France* appelle
LE DROIT COMMUN.

A qui compète la rédaction de cette ineffable loi ?
Tous les critiques d'une commune et unanime voix déclinent
leur compétence ; c'est la conclusion et la solution du
conseil des rats tombés d'accord sur le fait, *d'attacher un*
grelot au cou du chat qui leur fait la guerre.

J'accepte donc la mission, et je quitte enfin avec eux le
langage de l'exhortation et de la critique, pour prendre celui
de l'action , et je dis :

POUR SANCTIFIER ET ENNOBLIR UN PEUPLE PAR LA CONS-
CIENCE DE SA GRANDEUR ET DE SON MÉRITE A SES PROPRES
YEUX ET A CEUX DU MONDE ENTIER DONT IL EST APPELÉ A
BRIGUER LE DIGNE SUFFRAGE , IL FAUT METTRE DANS SA RELI-
GION DANS SA LOI DANS SON COEUR ET SOUS SES YEUX TOUJOURS
VISIBLE L'IMAGE DE L'ORDRE PROVIDENCIEL DANS LEQUEL IL
PUISSE VOIR ET TOUCHER DE SES MAINS LA PLACE QUE LUI A RE-
SERVÉE LA PROVIDENCE , ET LES DIVERSES PLACES QU'IL EST AP-
PELLÉ A Y PARCOURIR , AINSI , SUR LE FRONTISPICE DE LA LOI ET
AVANT D'EN ÉPELER LES PRINCIPES il doit voir L'IMAGE DE
L'ORDRE TELLE QUE JE LA VOIS ET QUE JE LA SIGNALE EN
ÉBAUCHE A CEUX QUI ONT MISSION DE LA COMPLÉTER. Savoir :

IMAGE DE L'ORDRE PROVIDENTIEL.

POUR LES CROYANTS.		POUR LES RATIONNELS.
DIEU	—	LA VÉRITÉ MATHÉMATIQUE, OU JUSTICE.
Descendu sur la croix par son amour pour l'humanité.		Elevant l'homme jusques au sacrifice de sa vie pour l'amour de la vérité.

ÉBAUCHE DE LA CRÉATION DIVINE ET MATHÉMATIQUE, D'APRÈS FOURRIER.

HARMONIE INTÉGRALE.

Gamme Musicale	Gamme Sociale.	Gamme Sidérale	Gamme Minérale.	Gamme Animale	Gamme Des couleurs.	Gamme Du goût.	Gamme De la vue.	Gamme Des formes
1 Ut	Culte	Jupiter	Or	Candeur	Blanc	Salé	Droite	Ovale
2 Ré	Politique	Vénus	Argent	Amour	Bleu	Sucré	Oblique	Rond
3 Mi	Science	Saturne	Platine	Ambition	Rouge	Amer	Miope	Carré
4 Fa	Arts	Vesta	Cuivre	Familisme	Jaune	Acide	Presbyte	Triangle
5 Sol	Agriculture	Mercure	Fer	Patriotisme	Orange		Louche	Hyperbole
6 La	Industrie	Ersschel	Zing	Dévotion	Viollet			
7 Si	Commerce	la Terre	Plomb	Uniteisme	Vert			

SUBDIVISION.

GAMME SOCIALE.

Culte
Politique
Science
Arts
Agriculture
Industrie
Commerce

SUBDIVISION DE LA GAMME SOCIALE.

Gamme du Culte	*Gamme* De la Politique	*Gamme* Des Sciences	*Gamme* Des Arts	*Gamme* De l'Agriculture	*Gamme* De l'Industrie	*Gamme* Du Commerce
Solemnités	Représentation	Culte	Peinture	Forêts	Inventions	Statistique
Missions	Défense ou paix	Politique	Sculpture	Irrigation	Manufactures	Navigation
Éducation	Agression guerre	Législation	Architecture	Horticulture	Physique	Arithmétique
Charité	Administration	Mathématiq.	Musique	Labourage	Chimie	Découverte
Fêtes	Répression	Jurisprudence	Gymnastique	Botanique	Hydraulique	Colonisation
Deuils	Impulsion	Médecine	Mécanique	Menage	Monumens	Propagation
Recueillement	Grâce	Langues	Cuisine	Hospitalité	Théâtres	Roulage

SUBDIVISION DES CULTES

GAMME DES SOLEMNITÉS

Rites.	Prières.	Chants.	Costumes.	Images.	Processions.	Prédications.

L'étude de cette grande ordination est à faire , et même comme on peut le voir très facile à faire avec le concours des hommes spéciaux à chaque genre d'ordination , mais pour y méditer et travailler avec fruit , il faut avoir le sentiment des arts et des harmonies qui en découlent , et alors , en élevant sa pensée a la hauteur *de l'harmonie intégrale de toutes les créations,* on comprend sans avoir l'oreille ou le goût blessé par ce rapprochement extraordinaire : *que le plus habile des cuisiniers* , agissant sur *l'harmonie des saveurs* est sur la même ligne du droit à l'admiration du monde , que le peintre opérant sur *l'harmonie des couleurs* , le sculpteur *sur celles des formes matérielles*, le penseur sur les formes sociales , l'astronome sur les conjugaisons et les harmonies sidérales , chacun portant à chacun des autres , le tribut de ses talents et de ses observations *pour coordonner l'ensemble et l'harmonie du grand tout* à la face de tous les hommes !!! place donc aux hommes *de tact* , de *goût* , *de cœur* . *d'esprit* , *de sens* , et autres facultés vierges des froissements qui ont perverti tant d'organes !! que le suffrage universel appliqué aux arts , aux sciences , à l'industrie au commerce etc, nous signale des hommes nouveaux capable de nous guider et de nous inspirer sur les routes *de l'harmonies sociales artistiques scientifiques* , *agricoles* et autres !! entrons dans cette immense carrière ou les *concurrences* annéanties font place à toutes les *occurences* hierarchisées et harmonisées comme il en serait d'un grand et sublime orchestre !!

Toutes les subdivisions étant indiquées , le tableau visuel de l'ordre social doit former comme une Carte géographique dans laquelle chacun doit trouver la place et les diverses places qui lui sont assignées par ses divers goûts, comme chacun sur la carte géographique trouve le département et jusqu'à la commune et l'habitation où il se trouve , même , s'il le fallait, l'espace qu'occupe la plante de ses pieds dans le moment ou il fait la recherche.

Ce n'est qu'à des conditions d'Intégralité que l'on entre en possession des biens ineffable que nous promet *l'ordre*.

— 95 —

Il va sans dire qu'en tête de toutes les subdivisions de la
gamme sociale comme en tête du corps entier on trouve inscrit le
nom de tous les fontionnaires selon la hiérarchie que le régime électoral a constituée.

Ainsi, en tête de toutes les subdivisions et superposée au chef
élu, on trouve *la trinité sociale éternelle*, résultat nécessaire du
nouveau régime électoral. Celui-ci étant en possession de deux membres de la trinité savoir : la papauté, et la royauté (qui ne sont
pas à faire, mais à consacrer par acclamation nouvelle) n'a que
la souveraineté élective à constituer.

Cette trinité sera nécessairement et réellement RÉPRESENTA-
TIVE du sentiment RELIGIEUX DIGNITAIRE et RATIONNEL de l'humanité.

Chacun des souverains, Religieux légitime et rationnel, sortant des élections écclésiastiques nobilaires et populaires, posse-
dera nécessairement au plus haut degré les sentimens de religion, d'honneur et d'équité rationnelles, trois qualités essentielles
à la constitution de l'homme parfait. Chacun de ces trois souverains
pouvant sans inconvénient en présence des trois autres, avoir en
dominance la qualité du corps dont il est issu et auquel il
tient.

Ce tribunal véritablement Auguste saisi de la puissance d'i-
nitiative et de veto pour tout acte de l'humanité déjà rangée
sous la loi de l'ordre, ne lui offre-t-il pas pour le maintien
de cet ordre, l'ensemble de toutes les garanties que la religion
l'honneur et la raison ont pu désirer dans leurs élacubrations
malheureusement isolées et conséquammment antipatiques.

Appliquons et trouvons la place de toute l'humanité qui demande à être *placée* dans ce cadre pour y supperposer, après la *trinité,*
sociale!! sans oublier que chaque section de la trinité sociale aura
sa trinité speciale ; ainsi la souveraineté religiense aura son
père son fils et son saint esprit, dans le passé offerts à l'adora-
ration des hommes et dans le présent, pour leur sanctification
et leur émulations tels comtemporains qu'il plaira à l'église

ou à l'épiscopat d'élire , la souveraineté légitime aura dans son passé , son Henri IV , son Louis le grand , son Louis XVI , et dans le présent son Henri V son Don Carlos son Louis Philippe. La souveraineté rationnelle aura dans son passé son Newton , son Galilée , son Waginthon ou autres , et dans le présent son Laffite son Arago son Lamartine ou autres. De telle sorte que la justice historique et la justice contemporaine aient bientot leur tribunal trimaire en toute fonction et hyerarchie !! Ce travail ne semble-t-il pas couler naturellement et tout à la fois de source religieuse légitime ou honorifique et rationnelle ?

Que chacun y pense dans sa condition.

Nous allons proceder aux cadres de cette administration intégrale.

TITRE IV.

CHAPITRE Ier.

DE L'ORGANISATION PRATIQUE.

ARCHITECTURE.

Prenons pour exemple d'organisation la section des arts qui concerne l'Architecture , et dans celle-ci , la section des batiments Urbains et ruraux. Nous dirons que le batiment entrant pour un vingtième dans les besoins généraux , nous avons à son service , un vingtième de 20 millions d'hommes femmes ou enfants valides , soit un million de travailleurs divisés ainsi qu'il suit , et de ce nombre il faut déduire les deux cinquièmes de la moitié composée de femmes ou jeunes filles impropres à ce genre de fonction , il nous reste donc 700,000 individus à employer , savoir : dans l'âge

de 9 à 12 ans 80 m. garç. et 20 m. fillles	100 mille		
de 12 à 20 « «	100		
de 20 à 25 « «	100		
de 25 à 30 ans 80 m. hom. et 20 m. fem.	100 total		700 mille.
de 30 à 40 « «	100		
de 40 à 60 « «	100		
de 50 à 65 « «	100		

Voyons leur emploi.

Le bâtiment exige savoir : sauf omission.

1° Les Travaux de carrière ou extraction de pierre platre et chaux. 2° Bucherons pour l'extraction du bois de chapente. 3° Charpentiers. 4° Charrois du tout. 5° Travaux de terrassements. 6° tailleurs de pierre et maçons gacheurs 7° menuiserie 8° Peinture. 9° papier peints. 10° manufacture de glaces 11° marbres et enfin 12° pour diriger le tout; une compagnie d'architectes.

La compagnie ou l'ordre des architectes , procédera à son classement organique , comme le fait l'ordre des avocats et le Classement opéré , elle classera ainsi qu'il suit , dans les proportions du concours à l'œuvre du batiment , les 7 cathégories d'âges appelés aux douze sections de travail , savoir :

10

ARCHITECTES. 1 pour 230 ouvriers

total des architectes ci	2000	qui à 15 f. p. j. coût.		10	millions
5 Dessinateurs ou apprentis pour chaque architecte	6,000 hom.	à 5 f. coûtent		10	«
Travaux des Carrières	40,000	«	5 «	40	«
Bucherons	20,000	«	id. «	20	«
Charpentiers	50,000	«	id. «	50	«
Charrois	50,000	«	6 «	100	«
Terrassement	200,000	«	1 50 «	100	«
Tailleurs de pierres	100,000	«	5 «	200	«
Menuisiers	100,000	«	5 «	200	«
Peintres	50,000	«	5 «	100	«
Papiers-peints	25,000	«	5 «	50	«
Glaces	20,000	«	5 «	40	«
Marbres	20,000	«	5 «	40	«
TOTAL.	661,000 hommes.				
pour l'imprévu.	39,000 id.				
Total.	700,000	id. à div. prix coût.		1,020	«

Le bâtiment occupant 700,000 hommes coûte et produit 1 milliard 20 millions , et sur le mouvement que ce travail opère le fisc par sa dîme d'usage prend 100 millions.

Ces 700 mille travailleurs depuis l'âge de 9 ans jusqu'à 26 ans , époque à laquelle , sauf exception , le mariage serait permis , seront organisés militairement avec discipline , costumes , grades et casernement temporaire. Le reste serait en demi , tiers , quart et cinquième de discipline , dépendant du *minis-tère* ou sous ministère de l'architecture.

AGRICULTURE.

La section de l'agriculture trop longtemps livrée au désordre sous la direction du ministre de l'agriculture , comprendrait savoir: 1° Les eaux et forêts , 2° la navigation par canaux et rivières , 3° l'horticulture . 4° le labourage , 5° le travail de mains , 6° le terrassement . 7° la charpente agricole , 8° l'é-ducation des animaux . 9° le ménage , 10° la médecine vétérinaire et humaine , 11° l'éducation du bas âge , 12° une grande partie des travaux industriels.

Elle devrait occuper , à mon avis , environ 20 millions d'individus savoir : 10 millions d'infirmes de 70 à 100 ans et plus et de 0 à 7 ans , sur les 15 millions qui composent la classe des oisifs , dont un tiers , tout au plus , serait dans les villes.

Les 10 millions actifs seraient classés comme suit savoir :

3 000	Chefs agricoles dont 1000 seront au laboratoire central à 1 f. 50 c. l'heure soit 15 f. par jour soit 6000 f l'an			couteront	10 millions
30,000	sous-chefs ou maires à 4000 f l'an			«	120
3.500,000	enfans des 2 sexes de 7 à 12 ans à		50 c par j.	«	525
2 500,000		de 12 à 20	1	«	750
1 200,000	hommes	de 20 à 25	2	«	720
1 100,000		de 25 à 30	3	«	1,098
900 000		de 30 à 40	4	«	1,050
800,000		de 40 à 50	5	«	1,020
600,000		de 50 à 60	6	«	1,080
19,033,000	indiv. de tous les ages coutent				6,123 millions.

L'agriculture produit ce qu'elle coute comme elle coute ce qu'elle produit, l'impôt à 10 p. 0/0 qu'elle donne rend à l'état 642 millions.

La section de l'agriculture occuperait par échange de travaux agricoles nécessaires aux jardins des villes un quart environ des 700 milles hommes employés au batiment dont l'agriculture a besoin dans la proportion du quart des besoins que les villes ont du corps des constructeurs.

Plus tard on avisera à la classification spéciale de ces 10 millions 635 mille individus qui, additionnés aux 700,000 du batiment, donnent un total de 11 millions 535. Ajoutons-y l'armée de terre et de mer, qui est toute organisée dans la section politique, nous avons un total de 12 millions 35 mille hommes.

Sur 20 millions d'hommes femmes et enfants actifs , il nous reste donc à trouver l'emploi d'environ huit millions d'individus et n'oublions pas que les 700 mille hommes de l'armée et les 500 du batiment de 9 à 25 ans casernes, nous laissent sur les bras un million de femmes de 9 à 25 ans. Donc , sur les huit millions restant il y a 5 millions de femmes à employer

La marine marchande va nous en mettre encore 2)0 mille sur les bras pour les 250 mille agents masculins que nous employons dans la marine à la division *du commerce* section de la navigation ce qui , à 2) hommes par équipage en moyen emploi , suppose quinze mille navires de tout tonnage à une moyenne de 1)0,000 f. de valeur par navire ce qui suppose encore une valeur existente de 11 milliards qui s'usant ou se perdant tous les ans pour un trentième ; nons avons 6) millions de navires à reconstruire chaque an ; ce qui emploie 1)0 mille bras de l'industrie lesquels coûtent deux cents quarante millions de francs ou heures à une moyenne de… et autant en matières fournies par la section agricole , laquelle reçoit en échange pareille valeur que lui fournit la section du Commerce par importations roulage ou chemins de fer.

La navigation commerciale emploie donc sous les ordres de son chef suprême l'état major. Savoir :

<pre>
2)) représentants au grand laboratoire et aux ports de mer
              à   6)00 f. l'an coutent 1,2 0,)00)
  5)0 Capitaines de 1er ordre à 1)00 f.   «   2 millions
50,000 Capitaines de 2e ordre à 50)0 f.   «   45
5),000 Matelots chef   à 2)00   «   1)
100,000   de deuxième ordre   à 15)0   «   150
100,000   de 5e ordre et mousses 1)00 f.   «   100
───
265,7)0 hommes coutant   398,2)0,000 f.
</pre>

La marine marchande par l'emploi de 265,7)(hommes y compris , si on veut , 50 mousses femelles de 6 à 12 ans , coute et produit 398,2)0,000 francs.

Le commerce et l'industrie , loin d'aller en vue d'extension par les lois de l'ordre , marchent en vue de diminution attendu que tous les peuples allant vers l'ordre , se perfectionnent dans l'art de la consommation et des jouissances réelles et non factices , ainsi , au lieu de surexciter la passion du luxe chez nos femmes et jeunes filles , et d'obtenir pour résultat de cet abus la perte de la beauté des pauvres par le travail forcé à bon marché pour produire les objets de luxe , et la perte de la beauté des riches par les privations que leur impose la rivalité , le luxe se portant sur le bon goût et la propreté à bon marché et sur les graces résultant d'une bonne nourriture et d'un travail modéré , le génie social dirigera les femmes vers les occupations artistiques et non vers les occupations mécaniques, qui visent aux prodiges du bon marché et du clainquant et alors , comme dans l'état social les fêtes sont nombreuses et nécessitées par les parades revues et exercices de mise en ordre de l'agriculture de l'industrie du commerce des arts de la politique et du culte (qui n'ont aujourd'hui que les processions et l'exercice militaire) , les femmes étant nécessaires à l'ornement de ces fêtes y seront appelées et recompensées en raison de ce qu'elles y auront mieux brillé.

Tous les services se fesant par abonnement et sous les ordres de l'état *ou ordre* d'une classe à l'autre , ces millions de misérables centres de marchandage et d'esclavage commercial qu'on appelle *boutiques* , font place à des millions d'atteliers nuancés par l'analogie de leurs rapports , en vue de réjouir le regard et de provoquer l'éclosion des gouts , et des rivalités dans les diverses aptitudes.

La femme , autant que possible , doit faire l'ornement de ces travaux sédentaires appropriés à leur grace et à leur santé plutôt qu'au plus grand profit d'un commerce justement déchu parce qu'il spéculait sur la ruine de la santé du sexe et de la juste influence qu'il doit exercer dans l'ordre social. Ainsi, *toute la couture* et la presque totalité de la chaussure et de la coiffure est rendue aux femmes pour que l'état puisse rendre à leur dignité d'hommes , cette nombreuse armée de tailleurs coiffeurs , bijoutiers imprimeurs compositeurs marchands de nouveautés , marmitons et hommes du pot au feu que revandiquent l'agriculture combinée et les autres branches de l'ordre combiné.

La navigation marchande ayant occupé 265,700 individus. Le roulage et autres transports en occuperont 64,500. Les découvertes en occuperont 10,000. La statistique et la comptabilité 20,000. La colonisation 150,000. Ce total de 510,000 , ajoutés 12,000,000 déjà classés , nous donnent un total d'emploi de 12,510,000. Nous avous

dit que la valeur du vêtement et de la parure, déduction faite de
ce qui peut être extrait du service des hommes, se porte pour
54 millions d'hommes, femmes ou enfants sur une moyenne de
100 fr. l'an pour chacun, à la somme de 5 milliards 400 millions
tous les ans ; voilà de quoi occuper 5 millions des 5 millions de
femmes qui nous restent sur les bras, et leur faire gagner en façons
qui sont pour moitié dans ces sortes de fournitures, une valeur de
près de 2 milliards ce qui leur fait gagner 1500 f. l'an à chacune
en moyenne soit 4 fr. par jour environ, au lieu de 1 fr. par jour
qu'elles ne gagnent même pas aujourd'hui.

Le culte, à la division des solemnités et de la charité en occu-
pera 500 mille à savoir 10 seulement dans chacune des 54
mille communes et églises de France ce qui fait 540 mille. Les
autres 160 mille aux œuvres de charité.

Les 1 million 500 mille qui nous restent trouvent amplement
leur emploi dans la garde et l'éducation de l'enfance, les soins de
vieillesse, les menus travaux agricoles en menage et éducation
des menus bestiaux.

Ainsi l'emploi de ces   5 millions de femmes ou jennes filles
    ajouté à celui des   12.510 mille trouvé
    donne un total de   17,510 mille individus classés.

reste 2 millions 510 mille hommes à occuper et à distribuer dans les
diverses sections de l'industrie des sciences et arts ,

SAVOIR :

DANS L'INDUSTRIE.		DANS LES ARTS.	
Aux manufactures	2 10,000	A la peinture	50,000
Aux Inventions	25,00	A la sculpture	60,000
A la physique	5,000	A la musique	100, 000
A la chimie	5,090	A la gymnastique	60,000
A l'hydrolique	16,000	A la mécanique	40,000
Aux monuments	25,000	A la cuisine	100,000
	275,000		745,000

Dans la politique, nous occupe-rons, SAVOIR :		*DANS LA SCIENCE*, nous occupe-rons au culte	
A la RÉPRÉSENTATION	100,000	A la politique	5,000
A le défense	100,000	Aux mathématiques	10·000
A l'administration	100,000	A la législation	5,000
A l'impulsion	100,000	A la jurisprudence	50,000
Aux grâces	10,090	A la médecine	100,000
A l'étiquette	10,000	Aux langues	50,000

Enfin DANS LE CULTE :

Les femmes et curés desservants des 34 mille communes comptés , il nous reste à employer savoir :

Aux solemnités	25,0 0
Aux missions	100,000
Aux consolations	25,000
A la charité	10,000
Aux fêtes	20,000

total des totaux : 19 millions

sur une quantité de 20 millions d'individus valides reste environ un million d'hommes valides en disponibilité ou reserve la loi de l'ordre voulant qu'un certain nombre ait droit de vivre dans le désordre passé et cela pour la plus grande solidité et durée de l'ordre nouveau.

Voilà, sauf meilleur avis l'ébauche visible et palpable de l'ordre matériel auquel il ne manque que le nom de chacun dans la place qu'il occupe ou qu'il doit occuper NÉCESSAIREMENT et qui est NÉCESSAIREMENT productive d'une valeur supérieure à celle qu'il a consommée , et c'est ainsi que le mot DÉFICIT est rayé du dictionnaire de la cour des comptes.

Cet ordre matériel créé, nous allons voir enfin le premier apperçu des principes d'ordre à voter par acclamation générale car la possibilité d'un tel ordre admise, quel est l'homme capable de la combattre parcequ'il serait dans l'impuissance d'y usurper la place d'autrui ?

Ce travail n'étant donné ici qu'à titre d'indication et d'initiative aux capacités dans la spécialité desquelles il sera classé , est très-imparfait, comme va l'être anssi celui qui va suivre , il faut en toutes choses commencer avant de finir. ainsi ce tablean doit être l'image de la ruche aux abeilles laborieuses dans laquelle chacune a son alvéole pour travailler.

CODE SOCIAL.

—

DÉCLARATION DES PRINCIPES QUI DOIVENT LUI SERVIR DE BASE.

—

Dieu a mis les hommes sur la terre pour y former dans le temps et par le complément de la population nécessaire à sa culture, une seule et même société ayant pour but la plus grande perfection de l'individu et de son espèce.

À cette fin, il a pourvu chacun à divers degrés, d'une quantité infinie de facultés, de désirs et de répugnances dont le désordre où l'ordre produisant la souffrance ou la satisfaction chez la généralité ou l'individu les avertissent par là, l'un et l'autre, qu'ils obéissent ou désobéissent à la loi du Créateur.

La recherche de cette loi est donc le but constant de la Créature, et sa découverte conduit à la connaissance et à l'adoration de Dieu par la perfection de son œuvre.

La première découverte faite sur cette loi par la révélation ou l'observation a été : L'ÉGALITÉ DE TOUS LES HOMMES DEVANT LE BESOIN DE LA PREMIÈRE NOURRITURE DE LEUR CORPS, ET CELUI DU REPOS DONT CHACUN A CHAQUE JOUR BESOIN.

La terre et la société doivent donc au moins et indistinctement à chacun : SON PAIN LE MATIN et SON LIT LE SOIR, comme ils lui doivent place au champ du dernier repos.

En conséquence de cette première découverte, les fondateurs du code social : PROCLAMENT LE FAIT ET LE DROIT DE LA MISE EN SOCIÉTÉ DE TOUS LES HOMMES ET LE FAIT DE LEUR ÉGALITÉ DEVANT LES PREMIERS BESOINS DE LA NOURRITURE ET DU REPOS.

11

Pour parvenir a la découverte des autres besoins par l'expérience du *mal aise* ou du *bien aise* qui résultera de l'experimentation, la société admet tous les hommes indistinctement, a faire connaitre à ceux dont ils sont le plus rapprochés, le *bien aise* ou le *mal aise* qui sera le résultat de toute tentative de mouvement social.

A cette fin toutes les aptitudes, tous les gouts, toutes les sympathies toutes les répugnances, seront classés par groupes et séries de groupes divisés, a leur tour en ordres, genres, especes et variétés d'espèce, afin qu'en trouvant la loi de leurs engrenages et de leurs contrastes réguliers ou irréguliers on arrive à la connaissance de l'harmonie qui doit régler leur ensemble appliqné au meilleur système d'échange possible de toutes les créations materielles et morales qui en sont ou ne seront les résultats.

A cet effet, et pour première tentative il est formé par ces présentes un acte universel de société en participation aux termes de notre code de commerce sous la dénomination de

CODE SOCIAL.

—

L'objet de ce code ou société est la proclamation des faits et des droits reconnus ci-dessus et l'entrée en jouissance de ces droits et de tous ceux qui en seront la conséquence par le règlement ou ordre ci-après :

Art. 1. Toutes les dispositions contennues dans notre droit public et civil français qui ne sont par en contradiction flagrante avec les présentes sont maintenues et respectées.

Art. 2. Aux termes des art. 1 et 2 de notre droit public français tous les citoyens étant égaux devant la loi et devant contribuer également et en proportion de leurs fortunes aux charges de l'état, il sera fait un inventaire général de la fortune publique.

3. La mesure commune de la valeur de cette fortune aura pour terme de comparaison le nombre d'heures, de mois, et d'années qu'un certain nombre de mérites de divers degrés auront dû employer à sa création, et non le plus ou moins de numéraire que sa mise en vente pourrait produire.

4. Dans cet inventaire général devra se trouver comprise la valeur du temps que chaque homme, femme ou enfant pour ra mettre à la dispositions de l'état.

5. L'homme se doit chaque jour à sept affections qui doivent se partager son temps, sous reserve de la prédilection qu'il peut avoir pour une ou plusieurs d'entr'elles.

Ces affections sont : 1º l'amour de dieu. 2º Celui de l'humanité. 3º Celui de la patrie. 4º Celui de son département. 5º Celui de sont arrondissement. 6º Celui de son canton. 7º Celui de sa commune. 8º Celui de sa famille.

6. C'est par le travail corporel spirituel ou aminique qu'il satisfait à cette obligation.

7. La journée de travail ne pourra sauf exceptions permises par le règlement, dépasser 10 heures par jour et être moindre de deux heures, y compris les repas.

8. Toute obligation de payer en numéraire métallique tant à l'égard de l'état envers les particuliers, que de ceux-ci envers l'état, et de ces derniers entr'eux aura cessé le lendemain du jour où sera proclamé l'inventaire ordonné par l'art 2.

9. Dans l'inventaire général de la fortune publique toutes les aptitudes et merites seront classés au nombre de 7. par ordres genres, espèces, variétés d'espèces, hierarchisées selon la nature de leur mérite dans le cadre du tableau ci-dessus tracé dans lequel devront être inscrits tous les hommes, femmes et enfants sans en excepter un seul de telle sorte que chacun ait son emploi.

10. Tous les emplois sont inamovibles.

11. L'avancement on déclassement aura lieu dans la même forme que le premier Classement sans préjudice de l'avancement naturel qui aura lieu par les successions et les décès.

12. Le classement procèdera par expérimentation d'une classe à l'autre en commençant de haut en bas par la plus libre qui est celle des avocats.

13. Cette classe procèdera par réunions locales ainsi qu'il a été dit dans l'exposé des motifs qui précèdent le présent code à savoir : que la classe de mérite n° 1 ait ses heures de travail a 1 fr. l'heure soit 10 fr. pour 10 heures n. 2. idem. a 1 fr. 50. n. 3. a 2 fr. n. 4. a 2 fr. 50 n. 5. a 3 fr. n. 6. a 5 fr. 50. n. 7. a 4 fr.

14. Le profit général de tous les travaux devra former une recette qui sera commune et repartie dans les proportions ci-dessus, sans avoir égard sauf dispositions disciplinaires, à la recette que l'emploi du temps de chacun aura opérée, tous devant travailler par élégation de confiance ou travail.

15. Toute libéralité au dessus de la taxe sera portée au fonds commun.

16. Autant que faire se pourra, dans l'attente de l'organisation générale ; la valeur des honoraires sera reçue, en marchandise ou en travaux de ceux qui auront requis les susdits travaux.

17 Le numéraire or et argent qui continuera à servir de terme de comparaison pour établir la valeur du temps qui devient sous forme de papier *la valeur courante*, cessant de porter intérêt, demeurera en dépôt pour compte de tous les déposants dans le trésor de l'état, et ce trésor sera disposé de façon à ne pouvoir être ouvert qu'au cas de retour au désordre et pour le remboursement général.

18. Sur le produit total de la recette, il sera prélevé une valeur de 5 p. %, laquelle sera versée dans les mains du percepteur, à titre d'impôt ou de droit au pain.

19. Après le classement par ordre de mérites parmi les avocats ; je même corps opèrera le classement entre mérite par fortune immobiliaire et immobiliaire afin que l'impôt soit acquitté dans la même forme ; et après un certain temps d'expérimentation , le corps délibérera l'admission aux lois de l'ordre de celui qu'il croira le plus apte à en recueillir le bienfait.

20. Lorsque toutes les classes ou corporations religieuses , politiques , scientifiques , artistiques , agricoles , manufacturières et commerciales seront rangées sous les lois de l'ordre , et que leurs besoins et leur puissance d'y satisfaire seront connus. Il sera procédé au plan de construction du grand laboratoire central situé sur tels lieux , que les nouvelles circonstances auront désigné , lequel sera probablement dans l'espace compris entre les travaux de fortification désormais destinés à la défense de l'ordre.

Ce laboratoire devra offrir des salles de réunion pour tous les chefs des diverses sections, ainsi que pour leur résidence particulière et temporaire pour la plus grande économie du temps.

Les premiers aperçus jetés sur les lois naturelles de l'ordre portant à trois mille environ le nombre des collaborateurs d'*Elite* résidant au chef-lieu, le laboratoire devra pouvoir loger et réunir dix mille personnes ; chaque élu pouvant avoir avec lui sa femme et plusieurs enfants, et un ou deux serviteurs.

(L'organisation de la douane et sa caserne familiale à Marseille et le château des invalides , à Paris , donnent une idée incomplette de ce futur batiment de représentation nationale).............
La suite de ce travail reste en suspend jusqu'après le premier effet qu'aura produit sur le public ce premier aperçu de l'ordre.

« Voilà bien peu de dispositions législatives pour régir un monde tout entier dans lequel la France seule a besoin de 7 ou 8 codes , et une nomenclature de 40 mille lois en vigueur !! et l'on oublie que ces lois ne sont que des tatonnements vers la recherche de l'ordre , toute loi n'étant qu'une conséquence de la constante volonté où est la justice de faire à chacun son droit, lequel n'est autre chose que sa convenance perpétuelle comme la justice , ainsi que nous l'avons établi plus haut ; mais si ce droit est la conséquence de l'exercice électoral en mode complexe et universel, tel qu'il est décrit dans la déclaration des principes humanitaire, où est alors la nécessité de ces quarante mille lois ?

Sans doute un plus profond examen des choses et l'expérience du nouvel exercice électoral suggèrera la proclamation de nouveaux principes qui, d'un autre côté, ne peuvent manquer de naître du choc de la discussion qui va s'établir sur la proclamation des premiers.

Nous allons donc consacrer encore un titre à cette importante discussion.

TITRE V.

—

CHAPITRE 1er

LA MISE EN PRATIQUE DU CODE SOCIAL EST-ELLE POSSIBLE ?

—

« Votre code social, dira-t-on encore, est une pure théocratie, ou bien une simple négation qui, plaçant le pape sur la même ligne que le roi, et tous les rois sortant de l'urne électorale pour présider au fonctionnement de la gamme sociale, ne nous dit pas en définitive à qui appartiendra le grand privilège de l'initiative de cet harmonieux mouvement.

« L'équilibre des trois pouvoirs : *clergé*, *noblesse* et *tiers-état* a fonctionné assez de temps pour nous apprendre ce que nous avons à redouter de la rupture de l'équilibre : c'est le point d'appui d'Archimède que vous cherchez pour soulever la planète. Les trois pouvoirs sont le lévier qui fonctionne au mains de celui qui a l'art d'en faire un bon et utile usage, les grands papes et les grands rois s'affranchissant alternativement, les uns du pouvoir des autres, ont fait passagèrement le bonheur et les affaires des peuples, eu égard au temps. Ainsi, un homme seul qu'il soit roi, empereur ou pape, qui saura prendre en mains les éléments sociaux de notre nouvelle ère sociale, sera tout à la fois et le point d'appui et l'Archimède qui mettra notre planète à la hauteur de son nouveau destin. Que Lamartine à l'art de bien dire et de bien écrire, joigne celui de savoir faire ce qu'il conseille, et le problème sera résolu, du moins pour un temps. »

Et je réponds : Ce pouvoir, avec le principe et le germe du savoir est, à mon avis, dans une de nos corporations à constituer, et c'est de là que sortira l'Archimède, comme Guizot est sorti du corps enseignant, sachant régner, dans l'ère du doute, par un talent calcïoscope, voisin de toutes les convictions, sans recevoir l'empreinte d'aucune. Et en effet, l'homme d'état, l'homme de religion, i'homme de raison ne sont plus ce qu'ils sont le jour où chacun d'entr'eux accepte et professe les couvictions de l'un des autres ; car leurs convictions s'excluent mutuellement ; soyez homme de *pouvoir* dans une classe comme dans l'autre et le pouvoir de chacun des autres vous appartient. C'est en vous que réside l'équilibre des trois pouvoirs qui perdent leur équilibre et appellent les réflexions des sophistes et socialistes le jour où votre chute ou bien votre mort physique ou morale appelle votre remplaçant. Dans les mains de ce dernier le lévier fléchit ou brise la matière qu'il font mettre en œuvre, s'il n'a pas l'art de le manier, prouvons que la puissance du nouveau lévier, une fois connue, la science du pouvoir sera accessible à un plus grand nombre.

A la première vue du tableau de l'ordre, les partisans des libertés de l'église gallicane, ne manqueront pas de se récrier en y voyant que *l'ordre religieux* a pour représentant de son unité, le pape, comme l'ordre monarchique a pour représentant de son unité l'omniarque élu dans le concile des rois, comme le pape dans le conclave.

La différence entre le principe social établi par la Gazette de France, et celui que je crois seul dans les lois de l'ordre, consiste en ce que la Gazette oublie de mettre sur la même ligne dans le conseil suprême qui statue en dernier ressort sur le bonheur des nations, les chefs des unités, scientifique, artistique, agricole, industrielle et commerciale, dont le jugement rendu par une majorité de 4 contre trois, sert de règle snprème au monde ; sans préjudice des changements que le mouvement universel des élections peut apporter dans la composition du conseil suprême, modifié lui-même par le décès probable d'un de ses membres, tous les 10 ans au moins.

Grand nombre d'autres ne verront qu'un œuvre de puérilité dans le fait de faire figurer, comme *essentielle* à l'intelligence de la loi, l'image ou cadre de l'ordre social, oubliant que la

loi, faite pour tous, doit se produire sous une forme saisisa-
ble par les yeux de ceux qui n'ont que des yeux, comme il
en a été du signe de la rédemption dans les temps d'ignorance
et de barbarie. Comme il en est aujourd'hui des cadres de l'armée où chaque régiment se distingue des autres par le nume-
ro et la couleu r ou la forme du costume qui lui est propre. Le
prétendu *ordre civil* fait la confusion, il se plie au joug de la
mode capricieuse, et lorsqu'il se trouve embarrassé dans le filet
qu'il a tendu ou prêté a la licence commerciale qu'il décore
du nom de liberté du commerce, il crie au désordre a la corruption parce qu'il a oublié dans son orgueil intellectuel L'IMAGE
DE L'ORDRE !!! oui messieurs nos législateurs, c'est par l'image de
l'ordre que vous conduirez A SA RÉALITÉ l'universalité des peuples qui attendent de vous UN NOUVEAU DESTIN.

Peut-être s'appercevra-t-on aussi que léquilibre de trois pouvoirs
nécessaire au gouvernement d'une prétendue société en état de
désordre systematique, se trouve sans nécessité pour la direction d'une société en état d'ordre, quand l'ordre sera devenu
son état normal. Comme il en est de l'homme lui-même que le
retour a la santé affranchit du joug de son médecin.

Le problème de l'ordre étant enfin résolu, qu'importe aux
peuples dans l'ordre, que l'influence du clergé du tiers-état ou
de la noblesse domine dans le conseil suprème de cette puissance trinaire que la loi de l'ordre a élevé au sommet de
l'humanité ? mais la loi de l'ordre veut sans doute aussi, qu'à
son apparition le législateur fasse la part de toutes les susceptibilités
et de toutes les faiblesses de l'état de désordre et d'antagoisme que
l'ordre va remplacer.

L'humanité prête a se ranger sous le joug d'une loi nouvelle a eu trop a souffrir de celles qu'on lui a presenté et fait
accepter sous des dehors séduisants, pour ne pas avoir le
droit de suspecter la meilleure. Nous devons donc continuer
d'aller au devant de toutes les susceptibilités.

Nous avons suffisemment convaincu chaque lecteur par sa propre conscience que la mise en pratique du code social est dé-

sirée par tous ceux qui en comprennent l'économie, le nombre en
est déjà grand et leur influence n'est pas moins grande. Nous
avons même dit; que le corps des avocats, dans l'ordre des
constitutions civiles , avait , en outre de son influence, le
pouvoir légal et politique de *l'imposer ou de l'octroyer*. La
preuve de ce pouvoir est dans le *veto* de récente mémoire ,
que la cour de cassation posa devant la demande que fit le
pouvoir en 1830 de mettre la ville de Paris, en état de
siége.

Point de magistrature sans avocats , point de Civilisation sans
magistrature , Magistrature et avocats ne sont qu'un. Vouloir
c'est pouvoir , nous dit un puissant adage , quoique dans cet
adage , se trouve la pensée que la chose voulue est *humainement*
possible : or ce qui serait et se trouve en effet *civilement*
impossible étant *humainement possible* , la civilisation étant
faite pour l'humantté , et non l'humanité par la civilisation , le
pouvoir logique , le plus puissant de tous (surtout quand Il est
aidé du pouvoir sympatique ou poétique), le pouvoir du cœur
ému en présence de la plus solide et de la plus glorieuse conquette que puisse faire l'esprit humain (celle du pain quotidien promis par l'évangile) ; ce pouvoir , ces deux pouvoirs ,
commandent la mise en pratique du code social que je présente , ou de toute autre plus sagement combiné.

Ce pouvoir logique avait besoin d'une organe pour parler au
peuple, qui , chaque jour, demande son pain ; cet organe est
celui de la justice qui, jusqu'à ce jour , n'a pris la parole que
pour demander ou frapper, jamais pour offrir , ni faire espérer , s'en remettant là-dessus , au pouvoir écclésiastique alternativement inerte ou rebelle devant la faiblesse humaine de
la magistrature placée entre l'homme du monde ou le roi et
l'homme de Dieu ou le pape devant le peuple qui demande son
pain ; mais aujourd'hui que cette réconciliation *civilement impossible*
entre l'homme de la justice rationnelle , et l'homme de la justice divine (en présence du peuple qui demande a l'une et a
l'autre son pain quotidien *qu'il ne reçoit pas*) se trouve humai-

nement et divinement possible sur le *terrain social neutre* , où la posssibilité du don réel du pain tombe dans le ressort de l'arithmétique , ne faut il pas la tenter ?

Oui cette réconciliation est moralement possible , si le corps des avocats , ramplissant aujourd'hui le grand vuide que présente le contact impossible entre le rationelisme et le foi , le clergé et l'université , proclame ; QUE L'HOMME LE PLUS PARFAIT DU MONDE RATIONEL OU PHILOSOPHIQUE S'ÉLEVANT AU DESSUS DU AUTRES HOMMES SUR LA CROIX DU DÉVOUEMENT A L'HUMA-NITÉ , EST FRÈRE EN JÉSUS-CHRIST DESCENDU SUR LA MÊME CROIX PAR UN MÊME AMOUR POUR LES HOMMES , AVEC LE PRÊ-TRE QUI CONTINUE L'OEVRE DU CHRIST.

La vie toute entière de l'avocat , placé au millieu de la lutte sans fin que se livrent dans son cabinet l'équité avec la justice écrite , n'est qu'un long acte de conciliation autre les deux principes qui se heurtent dans tous les conflits de l'humanité Les larmes de la douleur et les armes de la logique réclament alternativement, la force de sa raison , ou l'attendrissement de son cœur ! aujourd'hui c'est la science du démon qui lui donne le fil conducteur du dédale ou se trament les injustices, demain c'est celle de Dieu qui luidit tout ce que la charité a de puissance pour livrer les âmes aimantes à la merci de toutes les ambitions , ainsi, pourquoi, la grande ame qui doit sortir de tant d'éléments de science réunis en corps , ne trouverait elle pas la PAROLE DE CONCORDE qui doit rallier dans la science , l'âme du corps philosophique et celle du corps eclésiastique deux corps bons et utiles en eux-même , mais crés pour ne jamais se toucher , comme il en est des deux plateaux de la balance qui qui ne fonctionne pas sans levier. Le corps des avocats serait ce levier ! Non non , L'OEUVRE DU CONCORDAT ,ne fut pas , comme le prétend M. Lamartine , *un double acte d'hypocrisie*, mais bien un acte de sagesse , d'espoir *d'attente* , de quelque découverte sociale qui cloturerait un jour ce laborieux enfantement.

Mais de ces belles généralités il faut descendre encor aux trivalités de la pratique , il faut sentir le point d'électricité sym-pathique ou répulsive que va procurer à l'un et a l'autre du clergé et de l'université , le contact de la main judiciaire. Philippe 1e. en donna de ces poignées de main qui produisirent en même temps s'impathie et répulsion dans les milliers de mains ennemies qui répugnerent à cet; exemple !!

Aujourd'hui les poigués de main vont se donner pour la première fois (je prouverai plus tard que c'est la deuxième) entre l'homme de lettres aux gants blancs, et le forgeron aux mains noires, nullement honteux de porter a son tour les gants blancs en présence du dandy qui aura noirci ses mains a la forge quittée pour quelques jour ou pour quelques heures par *son émule poète* le forgeron ; car les Reboul menuisiers ne sont pas dans l'ordre social, aussi rares que dans l'ordre civillsé qui les étonffe sistematiquement au berceau, les rois seruriers comme Louis XVI, charpentiers et maitres d'écoles architectes comme Philippe 1er et Pierre le grand, les rois chasseurs et les empereurs artilleurs Comme Charles X et Napoléon de glorieuse mémoire tous, en qualité d'hommes qu'ils soient sur le trone ou dans l'attelier, ont un penchant naturel qui les fait *se glorifier* D'exceller dans quelque fonction que le nature leur rend facile par l'optitude natale des organes qu'elles leur a donné sans s'informer s'ils seront *rois* on *maçons*. !! He bien ! le principe électoral appliqué aujourd'hui même au mérite des hommes dans leurs aptitudes naturelles ou acquises nous présentera l'avocat briguant en mèmes temps la distinction, dans le barreau, dans la société littéraire, la société poétique, artistique historique ou, scientique, parce que toutes les sociétés iront partout récrutant les aptitudes l'à ou elles pourront les trouver ! le prix de chaque mérite, dépendant de sa rareté, s'il arrivait que les aptitudes à la chaussure fussent écartées par la répugnance que cette fonction excite, jointe a l'injuste et antique mépris dont elle a été l'objet, on trouverait des *âmes enthousiastes* qui se devoueraint a cette fonction, en présence du prix et des distinctions qui lui seraient accordées par le *sens public*, car l'abandon de cette fonction menacerait d'aller mal chaussés, la coquette ou l'élégant qui aurait a profusion les plumes de cellibris pour coiffure.

Dans la société d'échange, où abondaient à profusion peintres, poètes, médecins, parfumeurs, marchands de vins fins, ébénistes ; n'avons-nous pas tous vu, le cordonnier désiré, comblé d'égards et de prévenances sincères, classer au nombre de ses satisfactions d'agrément et d'amour-propre, celle de nous donner ses services souvent à l'encontre de ses intérêts. C'était aux yeux de tous, le crépuscule avant-coureur d'un avenir d'urbanité et d'estime réciproques entre tous les hommes, abstraction faite de leur profession et souvent même à cause d'elle.

Croit-on qu'une justice sortant des langes dans lesquelles l'enveloppe son implacable marâtre, l'avare et cupide civilisation, ne rougirait pas de voir le dévouement du vidangeur privé des compensations que lui doit la société riche et généreuse pour les dangers et dégoûts auxquels il se soumet pour le salut de tous !... Il faut lire Fourrier traitant scientifiquement l'absorbation de ces répugnances !! Qui veut s'abreuver à la fontaine de la science la plus pure, doit ' quelquefois aller à la source où puisent, à grand peine, ceux qui prennent à tache de vulgariser ses conceptions ! Mais ne pas oublier (en s'approchant de la source où le penseur s'est enivré lui-même, e t peut-être même noyé pour avoir perdu la boussole de l'évangile), *qu'une méditation sur la prière de son enfance, combinée avec le principe du scrutin étendu à tous les mérites, aurait changé en pieds d'airain les faibles pieds d'argile sur lesquels repose le colosse que son génie nous a révélé.* Mais à travers ce que le siècle actuel qualifie d'écarts, il n'en est moins vrai qu'il a révélé un nouveau principe social, comme Galilée, un nouveau principe astronomique, et que nous disons comme lui au siècle railleur : *Vos plaisanteries n'empêchent pas que la terre tourne* ; que la base de tout ordre : *c'est l'assurance du pain*, et que l'assurance du pain tient à la croyance du principe électoral appliqué à la question du savoir s'il est où non *possible* : *d'assurer légalement* au peuple, le pain que la providence lui donne chaque jour *naturellement.*

Je me suis souvent surpris à ne pas pouvoir comprendre comment au milieu de la lutte que se livrent tant d'égoïsmes aveugles, la moitié des hommes qui luttent, pouvaient, chaque jour, trouver à dîner ? (*) Mais, par la bouche d'un enfant élevé au langage de Dieu, Racine me répondit : AUX PETITS DES OISEAUX DIEU DONNE LEUR PATÈRE, et alors, comme dans mille circonstances où ma sagesse en défaut était conduite à l'admiration de la providence, je me demandais s'il n'était pas plus raisonnable, plus religieux, de ne pas rechercher la clef d'un mystère que la providence nous voile à dessein ? S'il n'était pas dans ses vues : *que chacun ait le souci continuel de son existence ?* Si la lutte acharnée que se livrent le bien et le mal, *le socialisme et l'égoïsme, l'athéisme et la religion* doit être éternelle et non temporelle ? Et là, la croyance m'a dit oui, et l'athéisme ou la raison m'ont dit non. Est-ce à moi de soumettre le mérite de la croyance au jugement de la raison qui, sans le frein de la religion, n'est autre chose que l'athéisme ? Est-ce mon roi ou le pape qui est juge du mérite de mon embarras ? Le pape qui condamna Gallilée parce qu'à sa voix la raison était victorieuse de la croyance ? ou le roi qui supplicia Damiens, parce que sa croyance lui avait dit que pour prix du meurtre d'un hérétique les anges le recevraient parmi eux. Ainsi, est-ce du pain ou non du pain dont la demande nous est commandée par l'oraison dominicale ? Si c'est du pain demandé par tous et pour tous et non par chacun pour soi, le combat entre le socialisme et l'égoïsme n'est que temporel, et s'il est temporel, le jour de sa fin peut être aujourd'hui comme dans un siècle, et le pouvoir temporel a droit et puissance de tenter l'épreuve *votale*, de savoir s'il faut ou non le donner ?

Je l'ai dit et j'y reviens, parce que c'est le point capital de la difficulté, l'intervention des prêtres dans les choses de la vie civile, sociale et politique des peuples peut amener un schisme entre les hommes religieux qui pensent que le royaume de Dieu ne sera JAMAIS de ce monde à cause de la réponse que fit Jesus-Christ à ses apôtres lui demandant s'il fallait payer le tribut à César ? à l'encontre des prescriptions de l'oraison dominicale, demandant chaque jour, *pour ce monde comme pour l'autre*, l'avènement du règne de Dieu. Adveniat regnum tuum, *sicut in celo et in terra.*

(*) Les diners de Jacques Arago insérés dans *le Gastronome* sont d'une portée religieuse et philosophique digne de figurer en plus haut lieu !

La dificulté de concilier l'anomalie de ces deux préceptes a suggéré récemment au journal *la Phalange* des recherches biographiques desquelles il serait résulté que les plus anciennes éditions de la Bible porteraient le mot ENCORE entre le mot PAS et le mot DE : le Christ aurait répondu : *mon royaume n'est pas* ENCORE *de ce monde*, et cela, avant la création de l'oraison dominicale qui prescrit de demander l'avènement de ce règne.

De ce texte, il résulterait que le jour de cet avènement dont la probabilité est plus conforme aux aspirations de l'humanité, peut être contemporain des grandes circonstances pacifiques devant lesquelles la logique des hommes de mal et de guerre est déconcertée,

Le rôle de conciliateur est dangereux et difficile entre deux ennemis qui visent à leur extermination mutuelle comme était la France partagée en deux pertis au temps de la Ligue ; mais anjourd'hui, que le socialisme, le juste milieu absorbent depuis longtemps l'antipathie des extrêmes, la question de l'opportunité du pain gratis pour tant de monde peut, ce me semble, être posée sans danger ? et est-ce un danger que le premier *hourra* poussé par la paresse intellectuelle des médiocrités à l'apparition d'un médiocre écrit traitant une pensée *extraordinaire* ? Une pensée est-elle extraordinaire parce que depuis bientôt deux mille ans, elle a traversé des milliards de cervaux sans arrêter un moment l'attention d'un seul ? Et n'est-il pas d'évidence, que le premier qui aurait pris à tache de rechercher la possibilité de *l'assurance légale* du pain pour tous, aurait résolu le problème, comme tout autre, avant Galilée, aurait découvert la rotation de la terre, *s'il eut suspecté le fait admis de sa fixité* ?

La possibilité arithmétique du service public et gratuit du pain est démontrée, il reste à rechercher, l'impossibilité ou la dificulté d'établir l'organisation industrielle par groupes et votes, ou bien les inconvénients que ce mode gouvernemental pourrait présenter.

CHAPITRE II.

—

INCONVÉNIENTS.

—

Le premier qui se présente à l'esprit est cette immense perturbation, résultat d'un appel subit que fait ce mouvement électoral dans toutes les classes, et si ce mouvement est redoutable pour la civilisation, la propriété, le privilège, l'égoïsme, même pour la convocation des privilégiés, que n'ont-ils pas à craindre du rapprochement des victimes du privilège ? Oui, cette crainte est légitime et fondée, comme je crois l'avoir dit, en présence du mouvement électoral en tant qu'il est *privilège* et *privilège appauvrisseur* du riche comme du pauvre ; mais ce mouvement général admis comme générateur d'un bien-être commençant par le don du pain à toutes les classes, n'est pas à redouter. Pourquoi ? Par ce qu'il part du grand principe : que toute mesure qui porte atteinte à un droit quelconque, acquis, n'importe comment, procède comme toute expropriation d'utilité publique, *par une préalable indemnité*, alors, *conservateurs et turbulants*, tous tremblants dans *l'édifice civil* qui tremble et menace de tout engloutir ; ont intérêt à se réunir dans *l'édifice social* qui, tout en s'élevant, préserve l'édifice civil d'une chûte. Appliquons !

Si quelque crainte trouble le sommeil de Roschild comme possesseur de la plus grande fortune acquise quoique juif, cosmopolite et riche partout, c'est sans contredit l'envie que sa fortune excite parmi nos turbulants et brouillons politiques. Eh bien ! l'ordre social financier percevant sans effort vingt fois plus d'impôts que le désordre civil, consacre l'excédant du revenu au remboursement de la rente ; seule mesure qui consolide la fortune de tout pnopriétaire et de tout rentier.

Le capital rural et urbain étant indispensable pour renouveler la richesse et servir de terme de comparaison aux valeurs industrielles , scientifiques et artistiques , est appelé à jouer son rôle dans le nouveau mouvement. Il procure à son possesseur la rétribution ou le revenu qu'il reçoit *comme capitaliste* , puis comme *propriétaire* ayant revenu, ce qui ne l'empêche pas d'avoir le revenu de son temps, s'il veut en faire un utile emploi dans les fonctions générales, et puis le *revenu du talent*, s'il parvient à se faire classer parmi ceux qui offrent leurs talents à la France. Ainsi tout est conservé hormis les abus et par l'extintion de l'abus , tout s'améliore !

Mais la peur ne raisonne pos , elle a peur du bien comme du mal qu'elle ne comprend pas et ne veut pas comprendre. *La peur a droit d'avoir peur* , elle a droit de vie puisqu'elle vit et existe , il faut lui faire sa part et la plus grosse de toutes , il faut attendre qu'elle n'ait plus peur , la faire passer et repasser mille fois devant le fantôme dont elle s'effraye , comme le cheval ombrageux dont la vue n'enfante que des brouillards !! Soit par poltronerie , soit par rouerie , la plupart de nos hommes politiques , depuis la mort de Napoléon , n'ont que trop exalté et exploité ce sentiment indigne de notre France, et force nous est aujourd'hui , de tenir compte à la France , de ce sentiment que les trois journées de juillet ont heureusement bien diminué en présence d'un peuple vainqueur fusillant les voleurs au milieu des plus riches objets du pillage. Mais il en reste assez de cet indigne sentiment , au cœur des familles pour nous commander aujourd'hui, de mettre à la tête du mouvement social, le corps le plus prudent et le moins sanguinaire , celui des avocats , le seul que l'ordre civil et l'ordre naturel y appellent.

L'état de déconsidération générale dans lequel ce corps est tombé, aux regards de ceux qni n'en compreanent que la puissance passive (la seule qu'il ait exercé jusqu'à ce moment , celle d'empêcher de mal faire) m'a valu grand nombre de défis d'obtenir de ce corps aucun mouvement actif autre que celui d'exploiter , avec le corps des avoués , la discorde qu'ils entretiennent , j'ai aussi payé tribut à la peur de voir la peur conjurer l'effet de nos pensées généreuses , elle me domine dans ce moment et pourtant j'avance , sachant que ses fantômes s'évanouissent sans cesse , sous la main de celui qui veut réellement les toucher !... Ainsi la part de la peur est faite , avançons !

Voici la chicane ! que dit-elle ? je ne l'écoute pas ! l'écoute qui voudra , son bavardage serait suffisant pour nous arrêter ici deux-cents ans , s'il fallait répondre à tout ce qu'elle peut dire , surtout si la bourse de l'ignorance s'ouvre pour payer ses discours , nous avons assez d'objections serieuses !!! Passons à leur examen.

Après celles de la peur et de la chicane , vient celle du défaut réel qu'a le corps des avocats et le public jugeur , de s'arrêter sur un objet qu'aucune passion religieuse ni politique n'anime.

Pour l'arrêter malgré lui , par-ci-par-là , sur nos plus atroces abus , Eugène Sue et *la Gazette des Tribunaux* , suspendent un moment l'aigreur de l'esprit public , par le tableau en action de la misère incessante qui le tourmente, Attaché à la glebe industrielle , chacun , dans ce triste monde , traine péniblement son boulet ; et n'a pour les pensées générales , que quelques moments fugitifs , pendant lesquels , encore , le souvenir du souci éteint et la crainte de celui qui arrive , paralyse l'essor de sa réflexion , voilà le plus grand obstacle !! et celui-là donne raison à la déplorable manie du grand nombre , heureux d'avoir raison , quand ils taxent le public de la plus coupable indolence sur la question radicale de son *bonheur*. La plus incurable des surdités est celle de ces sourds *qui ne veulent pae entendre* , et parmi le plus grand nombre du petit nombre de ceux qui ont lu l'annonce du livre , il est malheureux , sans doute , que je prêche dans le désert , et à cela je réponds : J'ai prêché !! j'ai trouvé à ce travail *satisfaction et espérance de gloire* , seul bonheur auquel l'homme grave doit aspirer quand il a connu où est le bonheur, par la série des fortunes ou des misères auxquelles il a plusieurs fois et alternativement gouté pour s'instruire et se sentir vivre dans un monde où le bien n'est qu'à l'état d'ambrion , et le *Rodolphe* d'Eugène Sue ne sera pas peut être toujours une création fantastique , quand la littérature du vrai offrira plus d'intérêt que la littérature du vraissemblable , du vraissemblable qu'ils ont inventé (dit Soulié, dans l'ignorance de toutes les ressources puissantes que le génie peut tirer du vrai. Mais pour être dans le vrai il faut s'y mettre , ce qui n'est pas si facile , que d'y mettre un homme de son cerveau !! J'ai donc cherché à m'y mettre en réalité comme Rodolphe s'y trouve en fiction. Mais la civilisation exclut le vrai et accueille le vraissemblable, c'est la vieille coquette qui ne veut se mirer qu'après avoir mis son rouge et ses dents , voilà la civilisation ! telle que l'a faite le code civil. Elle est vieille et n'a droit qu'à la pitié et aux égards dus à la vieille coquette , assez aveugle pour méconnaître la puissance des attraits nouveaux qui vont la faire oublier.

La *socialisation* fille de la *civilisation* s'avance après la retraite de l'institution qui forme la jeunesse de celle-ci savoir : le NUMÉRAIRE MÉTALLIQUE indispensable entre les hommes qui ne veulent pas entrer en société , qui veulent être *en compte civil* et non *en compte de société* , il faut à ces volontés sans cesse en opposition , un signe général qui les tienne *en état perpétuel d'isolement* et de *simple contact* !! , j'ai besoin de toi pour le moment , je te paye , nous sommes quittes. à quoi bon *un lien de société ?* je suis imparfait vicieux , tu dois aussi l'être ! je te paye , tu me payeras quand j'aurai besoin de ton argent et toi de mes services , au prix qu'il nous plaira dans le moment avenir. Voilà la *liberté civile* L'INEFFABLE LIBERTÉ VIVE LA LIBERTÉ !!.. la liberté de l'argent qui émancipe tous les vices d'un seul, sur l'esclavage de mille autres , parceque pour un qui a dix mille francs, il y en a mille qui n'ont pas un franc, mais avec ce franc cet esclave a la liberté de choisir entre quatre livres de pain pour ses enfans ou un billet de parterre !! VIVE LA LIBERTÉ !! Quelles saturnalles se renouvellent sur un tel principe de liberté QUEL CARNAVAL !!... que celui ou milieu duquel on entend Béranger chanter avec raison :

Les gueux les gueux
Sont des gens heureux ,
Ils s'aiment entr'eux ,
Vive les gueux !

—

.... Mais , les besoins sociaux paraissent , l'argent ne suffit plus à leur satisfaction ; il aurait fallu pour les satisfaire créer *un lien*, *un principe* , *un signe social* , et les socialistes n'ayant rien trouvé , les *civilisés vicieux* ont inventé quoi ? UN MENSONGE !! Un crédit qui emprunte un argent qu'il sait d'avance qu'il ne pourra jamais rembourser !! Ce crédit sera donc *sans bornes* ? Oui , si l'universalité des civilisés est appelée à jouir des avantages qu'il donne , mais des *propriétaires* , *des civilisés* , pouvaient-ils en faire autre chose qu'*une propriété civile* , affectée EXCLUSIVEMENT à ceux qui peuvent en être propriétaires ? Il faut donc avoir 5000 fr. de valeur pour posséder un contrat de 250 f. de rente , la plus petite des pièces que représente cette menteuse *monnaie* ; c'est la continuation de la pauvreté pécuniaire , avec un signe menteur de plus. La banque de France , frappée de cette vérité , vient de créer des billets de 250 fr,

Enfin l'aggravation de l'abus frappe l'esprit des socialistes , ils sont étonnés de l'énormité des richesse que ce système pécuniaire laisse sans emploi , ils se comptent par milliers pourvus de plus d'un milliard de talents sans emploi , ou marchandises sans vente , ils associent donc ces talents et ces marchandises sous la direction d'un chef soumis à des statuts. Je l'ai déjà dit et je crois devoir le dire en d'autres termes : Un pouvoir de consommation sans limites était nécessaire à la mise en œuvre de tant de valeurs sans assortiment , sans lien entr'elles , ces valeurs , suivant la distance qui les séparait l'une de l'autre , devaient servir à la conquête de celles qui se trouvaient au milieu , comme il en est d'une armée , qui par la conquête des points faibles domine les points de l'espace qui ont résisté à sou action. Le mouvement de consommation commencé sur des prix nécessairement mobiles et arbitraires pour répondre immédiatement

par des faits matériels , palpables , grossiers, à l'argument de la grande
secte des *impossibilistes français* qui d'un fait impossible accompli
passent à un second fait *impossible* , de façon que *d'impossible
en impossible* , les *impossibilistes* se trouvent conduits dans
l'éternité qui est à leurs yeux *le plus impossible des impossibles.*
Ainsi , de *merveille* en *merveille* les *socialistes ou échangistes sans
numéraire*, ou gueux qui s'aiment entr'eux, selon Béranger, èchan-
geant leurs talents , leur éloquence , leur socialité , leurs mar-
chandises , avec celles et ceux des civilisés impossibilistes , après
avoir vaincu le tribunal de commerce de Paris qui avait sus-
pendu leurs opérations par un arrêt de la cour royale qui en
ordonna la reprise , allèrent échouer devant le tribunal de commerce
de Lyon qui après quatre mois d'études sur la matière entre la
citation et le jugement intervenu entre les civilisés et les socialistes , rendit , au profit de ces derniers , un jugement qui par 100
rôles de motifs plus curieux les uns que les autres , donneront à
la génération sociale qui s'avance , la mesure des recompenses
qu'ils doivent aux efforts de leurs dévanciers.

Ce jugement donna lieu à l'acte notarié dont j'ai parlé plus
haut , et qui est aux cahiers de Me Bonneveau , notaire , à
Lyon.

Permis à chacun de nier ou d'éloigner tant qu'il veut , la possibilité
d'un avenir qui s'avance ; de méconnaître la puissance des faits
authentiques qui sont là , vivants , avec la fatalité de leurs con-
séquences et le souvenir indicible qu'ils ont laissé dans 500,000
cerveaux ; il n'en sera pas moins vrai que des milliers de *socialistes* ont vécu pendant dix ans *sans argent* avec des *civilisés* ,
d'une vie matérielle , intellectuelle , socialiste et *princière* ,
sous la protection très-directe du prince décédé : dont le regard
s'intéressait à tout ce qui lui offrait le progrès revètu d'un
caractère de prudence, Ce prince a donné des encouragements
en argent et sous la recommandation du secret ; mais sa mort
fait de la publication de ce fait un devoir de la gratitude.

Le temps ! le temps ! le temps seul , disent les plus sages , (ceux
qui sont tombés de la souffrance morale dans la résignation) ,

nous apprendra le jour où les cerveaux seront murs pour examiner le mérite de ces doctrines, publiez-les, c'est bien ! mais n'attendez rien ni pour leur réalisation ni pour l'empressement que le petit nombre des hommes studieux devront apporter à leur étude. C'est donc sous l'influence de ces conseils que j'abrège et j'attends, puisqu'il y a presque folie à dévoiler l'avenir des hommes....

La première question de l'accueil qu'attendait l'apparition de ce livre est vuidée puisquil parait sous la protection d'une souscription qui est allée au delà de mes epérances ; mais elle témoigne aussi des espérances que les suscripteurs ont fondé sur le mérite réel du travail que j'ai soumis à leur jugement. Sous le rapport littéraire j'ai déjà passé condamnation, me déclarant à cet égard sans prétention aucune. Sous le rapport de la nouveauté des formes comme du fond, j'attends l'arrêt du public avec la résignation qni doit faire la principale vertu de l'homme qui publie ce qu'il croit une idée neuve.

TITRE VI.

—

CHAPITRE 1er

—

CONCLUSION PRATIQUE.

—

A l'état de lettre morte, un livre est accueilli, comme tous les autres, selon le degré de mérite littéraire ou scientifique dont son auteur a pu le gratifier. Il a fait son œuvre comme livre ou feuille, le jour ou il a trouvé un ou plusieurs lecteurs.

Celui-ci annonce un système d'organisation accessible à quiconque voudra prendre en main l'œuvre de sa réalisation et à défaut de réalisateur a trouver n'est-ce pas l'auteur qui doit contenir l'œuvre? et son premier devoir, n'est-il pas de s'enquequerir auprès d'un certain nombre de lecteurs, du genre d'accueil que chacun d'eux a dû reserver a son livre, et des esperances de réalisation que sa lecture a pu faire naître dans son esprit.

Depuis quand l'auteur d'un livre, peut-il se permettre de demander compte dès pensées qu'il a pu faire naître dans l'exprit de celui qui a bien voulu l'acheter? toute fois, la plupart des lecteurs ont bien voulu attendre et se déclarer curieux de savoir : comment l'auteur continuerait a s'y prendre pour transformer en esprit *socialiste* l'esprit de l'ordre des avocats nécessairement empreint , sous le nom de prudence , de cet esprit d'égoïsme dont tout ce qui a la vie civile est empreint et doit l'être puisque le principe *de l'égoïsme* est l'essence fondamentale de la civilisation:

Par le seul effet d'une spontanéité résultant de la lecture du livre , des conciliabules d'avocats ne peuvent pas se former surtout au point de vue de l'initiative que chacun a le droit de prendre pour donner la grande impulsion. Il faut être père d'une conception pour surmonter les dégouts que présente le fait de son premier développement.

C'est donc encore à l'auteur de créer le germe comme il a fait le livre ! Instituer le premier acte de rapprochement entre plusieurs avocats d'une même localité , en vue des nobles pensées qui régissent l'ordre et le code social seul offre un moyen de mettre les idées d'ordre en pratique.

Sans doute , chacun de ceux qui composent la majeure partie du barreau de France nourrit dans le sanctuaire du cabinet le feu sacré du désintéressement et de l'amour de l'humanité constitutifs de la profession qu'il exerce ; mais la nature trop puissante sur les plus faibles qu'elle soumet aux épreuves de la tentation d'un lucre d'autant plus grand qu'il sera illicite et garanti par l'inviolabilité du secret, ne vient-elle pas toujours créer *l'exception* constitutive de la règle ? Il n'y a pas des avocats rusés et cupides par cela seul que la majeure partie professe le désintéressement ? C'est la règle ! c'est la *nature* des corps livrés *au fait de l'isolement.* Il n'y a que la vertu et le vice auxquels l'isolement puisse être permis et même commandé , à la première pour qu'elle opère plus de bien , à l'autre pour qu'il ne répande pas la contagion du mal qui s'émane de son essence ; le commun des hommes et de tous les corps doit agir *socialement ! par ensemble* !! La bravoure repartie naturellement au commun des hommes n'empêche pas que la lâcheté ne soit, par exception , l'attribut de quelques uns , et cependant, le lâche enrégimenté marche machinalement vers le feu comme le plus brave , au mépris

du sentiment qui le ferait reculer si , derrière lui , ne se trou-
vait pas, comme devant lui, un ou plusieurs braves !! ainsi
doit-il en être , à l'égard des avocats travaillant en corps dans
un laboratoire commun soumis à un règlement que le corps
se sera imposé lui-même , règlement qui, lui-même, aura statué sur
l'exception qui permettra le travail solitaire , à tel collabo-
rateur au profit duquel la nécessité des choses l'exigera. Comment ne pas avoir vu , au sujet de la constitution de l'ordre des avocats , que la loi d'exception devait , à leur égard ,
confirmer La règle ? en proclamant le privilège du travail
secret et de la solitude au profit de la majorité vertueuse ,
il fallait soumettre a l'épreuve de la collaboration la minorité
nécessairement véreuse ? aussi , le corps se voit-il avec peine ,
déparé par la présence d'une minorité , qui ne fait rien ou
presque rien , et qui, souvent , dans sa nullité justement acquise , renferme dans son sein , des hommes que la collaboration aurait classé dans l'élite de ceux qui honorent le privilège du travail secret ?

Quand l'évidence est inapperçue , elle est semblable au trésor
qui languit dans le secret de la terre , mais quand elle est mise
en plain jour, il faut se rendre aux injonctions que sa vue nous
donne , comme il faut mettre le trésor en circulation !! le régime cellulaire appliqué au crime , commande l'application du
travail commun a l'exercice de la vertu ; ou bien il n'y a plus
ni logique ni juste antithèse , ni analogie , dans les phénomènes
analognes, qui forment le lien de toutes les créations entr'elles.

Il faut donc procéder à la rédaction des statuts qui serviront
de règle au travail commun des jeunes avocats stagiaires et autres,
qui au point de vue du zèle public , du désinteressement lucratif résultant de l'économie offerte aux familles , trouveront le compte de leur devoir combiné avec celui de leur intérêt à mettre
ces vues en pratique, et à cet égard , comme à celui des calculs statistiques et algebriques à faire dans la classification industrielle pour lequel je m'en suis réunis au zèle des j'eunes

gens de l'école politechnique , je m'en remets à celui de MM.
les avocats stagiaires ou autres pour la rédaction de ce travail sous
l'obligation bien entendu que je prends envers eux de répondre aux de-
mandes que pourra m'attirer la dificulté de cette rédaction.

En attendant , je me hate d'aborder les principales qui sont
celles *d'action* , après l'accueil qui sera fait *au principe de luti-*
lité du travail commun offert à la majorité des avocats deshé-
rités du travail solitaire et de ses profits

Ce travail en commun s'éffectuerait comme les travaux de la
préfecture et de la mairie , sous la protection et direction d'un
chef élu , dans un local à compartiments ayant la bibliothèque
commune au centre (Grand point d'économie ,) Cabinet prépa-
ratoire de dépouillement ou classement de toute demande à
l'instant même ou elle est formée et cela , pour la plus grande
économie du temps ruineux et fatigant de la formalité
d'antichambre , triste luxe ou triste nécessité , à laquelle ne
devraient se soumettre ni le public ni les avocats occupés , et
au moyen duquel , le plus souvent pour la chose la plus insi-
gnifiante , un homme pert des heures entières , et souvent des
jours entiers , subordonnés à la perte de ces heures. Les salaires
ou honoraires s'éffectueraient soit par cotisation annuelle des familles comme il a été dit plus haut , soit sur la vu d'une
note émanée de l'avocat consulté laquelle porterait le nombre d'heures que le consultant a fait perdre à l'avocat consulté , le tout au
point de vue du plus grand désintéressement possible , combiné
avec les éxigence de la représentation et de l'indépendance de
l'avocat.

Mais il arrivera souvent , dira-t-on , que dans deux compartiments séparés , deux consultants opposés auront tous deux
gain de cause , ce qui revient au même , que si les deux consultants eussent consulté deux avocats auquel le hasard a départi la confiance , avec cet avantage au profit du travail
commun , que dans ce dernier cas , le conflit est soumis au
conseil et avis préalable de trois avocats , vidant la querelle

des deux avocats en désacord d'opinion , opération qui apprend au public, que l'arène judiciaire n'est pas un lieu de combat entre deux orateurs passionés pour le gain de leur cause quand même ; mais une épreuve logique au feu de laquelle s'épure tout ce que la passion a d'impur !! que les avocats institués pour faire *régner* *l'accord* dans le monde , doivent enfin commencer à mettre l'accord en action parmi eux , comme il y est en précepte à l'état passif, et non à l'état actif, comme l'est celui des avoués , qui armé de son tarif, marche a front découvert à la conquette du bien être publié par l'impot qu'il prélève sur la discorde , d'accord avec la rapacité du fisc ; vendant publiquement et à beaux deniers , les profits à venir que ia loi *assure* à sa charge. C'est donc comme je l'ai dit, au foyer d'exploitation de toutes les discordes que doit se féconder et éclore le germe de la loi d'accord !!!

Le théatre a fait , depuis longtemps , justice de la nécessité de cette infirmité sociale , comme de celle du corps médical , mais il a jusqu'a ce jour, respecté l'état de réserve et d'expectance dans lequel , s'est tenu le corps des avocats , jusqu'au moment ou jettant sur lui son dernier regard d'espérance , le public électeur en a convié l'élite au travail difficile de la confection des lois de l'ère nouvelle qui marche , et c'est la , que cette partie du corps des avocats a fait défaut aux espérances , que le public avait mis en elle , aussi rien n'égale l'état d'ignorance dans lequel le public se trouve en face du corps des avocats , toutes les fois qu'on provoque son jugements sur le mérite actuel qui'l convient de lui départir dans l'œuvre de transformation qui s'opère. Dans l'esprit du plus grand nombre de justiciables jetté par le corps des avoués dans l'arène judiciaire avant les préliminaires l'accord à tenter dans le cabinet de l'avocat , il y a *édentité* *entre* *ces* *deux* *corps*, et même il faut l'avouer cette édentité , existe dans toute cause ou l'intérêt des mineurs exclut toute voie de conciliation , comme dans toutes celles parvenues à l'ouverture *d'un* *ordre* pour la distribution des deniers , double état où les incidents , suscités par l'obscurité de la loi ou la fausseté du jugement des gens de justice, consomment la ruine des mineurs ou des créanciers par l'action de la même loi qui veut être leur sauve garde !! qui mieux que les avoués et avocats experts a mettre en coupes reglées, la renaissance périodique de ces abus est capable de signaler les moyens qui les étoufferaient dans leur germe ? mais comme ils les ont escomptés d'avance il faudrait, tout au moins , que la loi extirpatrice de l'abus leur en remboursât l'escompte , et c'est ce que nous avons prévu. Reste à savoir jusqu'a quel point nos prévisions auront du crédit auprès de ceux que nos bénignes erreurs menacent d'une ruine ? la seule garantie qu'admettra la peur , c'est son payement par avance, et en beaux deniers comptant. Il faut douc que le public se rachette ainsi du droit de spoliation qu'il a concédé a cette partie de lui-même tout en prévenant son créancier en état de remboursement, que la monnaie du remboursement est dépouilllée de sa puissance par le fait même du payement effectué en vue de la monnaie d'accord que le nouvel ordre décrète !! une plus grande peur peut seule servir de frein aux écarts d'une première qui vient de naître et la confusion des deux peurs en présence des deux monnaies rivales qui se confondent , opère la concorde par la confusion des intérêts devenus inséparables comme il en est de l'eau quand elle s'est mêlée dans le vin , et en effet , quel est celui qui doute , en présence d'une révolution qui a couté la mort de trois soldats en Espagne , que le public a mis de l'eau dans son vin ? Qu'on me passe l'analogie !! Car elle est souvent , eu vue de l'accord , plus puissante que la logique !! Qu'est-ce que c'est que le montant d'un emprunt avec lequel le gouvernement paye une dette issue d'un emprunt qui a précédé le dernier ? c'est une monnaie qui n'a pour garantie que la probabilité du bon emploi que fera de son temps la génération qui payera l'emprunt au moment de son échéance c'est le père en état de dette . qui fait endosser ses billets à long terme par ses enfants !! *c'est une monnaie de temps*, ce sont des bons d'heures à employer d'une manière productive ,

Il faut voir les choses , ce qu'elles sont , à travers les mots qui n'ont que des significations équivoques ou incomprises , et alors , on tombe bientôt d'accord quand on a compris ce que signifient les mots et les choses. Fesons *l'utile emploi du temps à l'instant même où il nous est donné , par un bon système d'emploi de nos mouvemens* , et nous *payerons aujourd'hui* ce que nos enfants ne payeront peut-être pas dans un demi siècle. Fesons que le travail bien ordonné de dix avocats, mettant hors d'emploi vingt autres avocats et autant d'avoués qui seront en reserve pour quarante nouveaux emplois encore mieux ordonnés , de façon à mettre hors d'emploi , cent autres employés pour lesquels il faudra chercher des emplois *utiles* de façon que *tonte l'utilité étant absorbée* , il faille entrer *forcément* dans l'organisation *du monde agréable* dont nous n'avons souvenance que par le règne de Louis-le-grand ou Louis XIV qui fut grand un siècle trop tot, et pourquoi ? Parceque la grandeur d'un peuple ne peut s'élever sur la ruine et la pauvreté des autres , et qu'une grandeur *unitaire* ayant sa source dans le consentement de tous est la seule grandeur durable.

Mais voici venir encore la grande question , la seule question qui est en cause dans tous les débats où tous les peuples ont leur destinée en question ; quel sera le roi de cette monarchie monstre que nous appellerons *omniarchie* avec le savant Fourrier ? Quel sera, non pas le monarque , mais l'omniarque du globe terrestre ? Sera-t-il l'élu des peuples et des rois ses confrères, ou dss peuples seulement ou de ses confrères seulement ? sera-t-il pris parmi les rois ou parmi les peuples ? L'occupation de son trône sera-t-elle héréditaire ou temporaire ? la loi salique serat-elle abolie ou acceptée dans le cas d'admission du principe de l'hérédité ? Est-il donné à l'humanité de se créer des principes par les lois du raironnement et à froid ? Le principe , comme toute création , n'a-t-il pas le mystère pour enveloppe au moment où il prend possession de l'humanité ? Est-ce par un œuf ou par une poule que l'œuf

ou la poule ont pris possession du rôle que la création *première* ou *principiaire* leur a assignée parmi toutes les autres ?

Il ne faut que réfléchir , et réfléchir avec maturité , pour
reconnaitre (devant ces questions ainsi posées et si pauvrement
discutées par nos pauvres et obstinés chefs de parti fatalement
enchainés à la loi insuffisante de leur logique), que leur solution est impossible à priori , en présence du fait d'un gouvernement *unitaire* reconnu lui même impossible par les logi-
ciens qui reconnaissent par cet impossible, *l'impossibilité* de se
faire jour dans l'impasse sociale ou leurs passions les ont en-
gagés. Mais s'il est permis de conjecturer quelque chose en
cette matière , devant la tour de Babel politique élevée par
l'orgueil scientifique de nos modernes Titans , on peut dire en
toute humilité , et d'après le Christ : que la fraternité universelle étant exclusive de la paternité et maternité universelles ,
le respect dû à la vieillesse placera sur le plus haut degré dn
trône unitaire , celui que la providence aura choisi pour être
l'aïeul le plus respecté de tous après que le temps qui use tout
aura usé la trinite sociale comme il a usé la légitimité et le
gouvernement représentatif.

L'autel de la vieillesse relevé par l'abolition de la tyrannie pécuniaire , sur la tombe où elle poussait du pied le vieillard avare ,
sera entouré des plus grands respects à cause de cette même avarice qui devenue sociale et féconde , de meurtrière et privée
qu'elle était , rend le trisayeul héritier du quatrisaïeul , par le
droit de succession unitaire que notre législation nouvelle a créé
au profit de la longevité par nos calculs sur la vie.

Le progrès de cette institution qui grandit dans le silence, à
l'ombre de l'intérêt bien compris et bien calculé de quiconque a
élevé son esprit à la hauteur des vues de la providence, est ga-
rant de la valeur de mes conjectures qui , passant au creuset
de la réflexion publique et du temps , grandiront en probabilité jusqu'à l'état de certitude.

Quel est celui qui a réfléchi au principe des associations **sur la vie**, et qui a pu ne pas y voir, la TRANSFORMATION de *l'hérédité privée* en *hérétité unitaire* ? qui n'y a pas vu le vieil-lard survivant à tous les autres, héritier de toutes les sommes que le trésor de l'état aura conservées pour lui, signalé par cette couronne providencielle, au double respect du à l'âge et à celui qui dispose, par la fortune, de l'avenir de ses héritiers ? La longevité n'est-elle pas aux regards même de la science médicale, la preuve d'une bonne organisation physique et morale tout à la fois ? surtout au point de vue de l'éducation *unitaire* que les colonies agricoles de l'enfance viennent d'ouvrir aujourd'hui à la génération des villes délaissées par l'impuissance où s'y sont trouvés les pères de pourvoir à l'entretien privé de leurs enfans. Notre science politique et civile allant à reculons vers l'avenir, croit avoir tout dit quand elle a raconté les faits de l'histoire ancienne qui est sans affinité aucune, avec les ressources sociales de l'état présent. A ce point que je ne ne voulais pas en croire mes yeux, lorsque tout récemment, dans le *Siècle*, à propos de l'avenir des chemins de fer qu'il avait pris pour texte, l'écrivain donna à ses lecteurs une paraphase du discours sur l'histoire universelle que nous devons à la plume de Bossuet.

. Institution dégénérée du sénat romain qni sous le nom de *senores* (vieillards) fesait régner l'expérience de la vieillesse donnant droit de vie et de mort aux pères sur leurs enfans, notre chambre des pairs dont les actes sont déférés à la censure licen-cencieuse de la jeunesse écrivassière, n'est autre chose qu'une monstrueuse anomalie, une ridicule momie du grand corps qu'elle a voulu faire revivre, oubliant que pour élever la pensée *d'un grand sénat*, il faut loi donner pour aliment, les destinées d'un empire sans limites !! Cet empire est celui de *l'unité* que nous allons conquérir par la puissance de notre foi dans la future naissance de plus *sublimes grandeurs* que celles dont le sénat romain était investi par la puissance des armes, nous rappellerous à notre mémoire trop longtemps faible sur ce grand fait et ce grand principe) qu'ils étaient païens et que nous sommes chrétiens ! que le chef de notre chrétienté régne sur les grands manuments où est inscrit le triomphe de la force du cerveau et de l'âme, sur celle du bras ! ainsi de même que nos anciens ont, par la force du bras, brisé le joug de la force, nous briserons par le courage de la pensée celui de la corruption qui pèse sur nous !! Nous réfléchirons et nous organiserons au lieu de nous battre, nous ne tuerons que nos modernes tyrans connus sous le nom de corrupteurs; mais nous les envelopperons dans le vaste filet où ils ont compté nous prendre, nous qui trop petits pour la convoitise des mailles de leurs filets, avons grandi libres de tout lien par l'étude de la sociétéet des hommes, et sommes en force suffisante pour les délivrer.

A moi donc, jeunes gens deshérités par la cupidité législative de vos pères, du droit de donner l'essor à vos plus nobles et plus saintes inspirations, fesons auteurs du filet dans lequel ils sont enlacés, la loi d'où doit sortir leur grandeur et leur délivrance ! Apprenons leur que ce qui n'est pas possible à la plus saine logique dépouillée du feu de l'espoir, est possible à l'ardeur qui a pour aliment l'espoir d'arracher un père au supplice ! rappelons leur que la vie de Syrus menacée du glaive donna subitement la parole à son fils muet !! Proclamons que nos pères sans nous, que nous sans nos pères, nous ne pouvons parvenir à fonder le grand édifice que la providence a signalé à nos mains ! que leur regard paternel bénisse nos efforts, au lieu de les comprimer par le froid glacial du doute !! Émules dans le courage et le sacrlfice comme le père des Horaces avec ses enfans, rivalisons d'ardeur devant un danger auquel nous pouvons plusieurs fois survivre ! l'Angleterre et l'Irlande auraient un O connel avocat procédant l'également à le cure des mœurs qui affligent sa patrie, et la France affligée de plus grand maux puisqu'elle a des besoins plus nobles, n'aurait à offrir en titre de gloire à l'admiration du monde politique que trois avocats inféodés au triomphe de trois partis ou opinions qui s'excluent les unes par les autres un Berryer, un Odillon-Barrot, un Dupin, acceptant le mandat d'une lutte sans fin , plutôt que celui d'une grande conciliation plus digne du grand talent dont chacun d'eux porte à sa cause le stérile et perpétuel tribut !!

Osons l'espérer !! un d'eux ou tout autre plus civilement courageux , se lèvera pour prêter main-forte au triomphe de nos efforts et la majeure partie du barreau du monde le suivra sur le noble terrain où nous créons l'*unité* par l'ORDRE DES CHOSES (1).

En attendant , dans le sphère étroite d'action sociale que le notre destin nous a départi , nous pratiquerons sous l'influance de ces grands principes , les actes journaliers de notre profession d'avocat.

Quelques un nous diront avec un certain avantage en faveur de ce qui est contre ce que nous voulons faire ; que la magistrature est inséparable du barreau qui n'en est qu'une partie intégrante , que vouloir faire empiéter celui-ci sur les attributions de l'autre en lui déférent l'amiable composition de la majeure partie des discors , c'est porter atteinte aux principes immuables de la justice , laquelle ne peut sortir parfaite que de la discussion passionnée et éminenment intelligente de deux orateurs bien pénétrés chacun que la justice est de son côté.

Que la publicité des débats étant la seule garantie de l'indépendance de la justice , les débats amiables que la loi et la nature des choses privent du droit à cette publicité, ne donnent des garanties d'accord et d'ordre , qu'aux dépends des notions exactes qui seules constituent la jurisprudence. Mais malheureusement cette jurisprudence sans cesse controversée , et toujours variable au gré de la marche des mœurs et du temps, ne laisse qu'incertitude et doute ! de façon que doute pour doute , et sans détruire le fait de la permanence des cours de justice, il semble toujours préférable de laisser s'établir la prédominance de la justice sans perte de temps et sans frais !

Pour ce qui regarde l'intérêt fiscal dans cette occurence , il n'y a , je crois, pas lieu à s'y arrêter , ayant avancé ailleurs ce principe: *que la suppression d'un impot donne naissance à la perception d'un*

<hr>

(1) Les plaisans du *Charivari* ont trouvé longtemps une ample pâture, dans la grande image de ces deux mots appliqués au desordre qui nous afflige , mais la réalité de leur application, les forcera à rendre justice aux bons sentimens qui les ont dictees aux lèvres augustes.

outre, parce que le public nécessairement consommateur de tout ce qu'il économise, juge de tout autre manière l'impôt auquel il se soustrait, ou dont il est affranchi. Ainsi, par exemple, le plaideur qui vendrait son champ pour payer les droits d'enregistrement, d'un acte quelconque, ajoute un grenier à foin à sa grange avec l'argent que lui économise le jugement par accord ; et par cette dépense, il concourt au payement de la patente que le maçon ne payerait pas s'il n'était pas occupé par le plaideur non ruiné. Ces sortes d'argumentations sont à mon avis, puériles, je ne les aborde un moment, que pour en signaler le vuide, car en fait, d'impôt c'est *l'équilibre*, *et non la diminution qu'il faut rechercher*, puisque son entrée et sa sortie des caisses de l'état est l'emblême de la circulation du sang qui, en passant par le cœur, doit donner son animation à tous les membres du corps humain comme du corps social.

Au point où est parvenue la polémique engagée entre les organes de tous les partis sur la question de la reforme sociale, par la reconnaissance du principe de l'*unite gouvernementale*, *nécessairement modificatrice du droit individuel de propriété*, le dernier point de résistance sur lequel sont assis les conservateurs des divers partis consiste : dans ce louable sentiment qui superpose l'amour conjugal, l'amour paternel et filial, (tous les amours en un motif qui ont du foyer domestique le sanctuaire inviolable du bonheur de tous), à l'intérêt matériel qui résulterait d'une organisation générale du droit de propriété. Sans propriété particulière, sans maison à soi, rien qu'à soi, où la famille se mure et s'administre en souveraine, il n'y a plus dans l'esprit des conservateurs, ni famille, ni humanité et les conservateurs ont raison sous ce point de vue ! mais leur esprit n'en a pas moins tort, de voir dans une règie supérieure et gouvernementale de la forme matérielle que doit recevoir le sol et l'œuvre industrielle, une atteinte mortelle au sentiment familial ; autant vaudrait soutenir et dire : que le pouvoir du capitaine sur la personne de chaque soldat de sa compagnie, anéantit le sentiment qui unit chaque soldat à son père, et chaque père à chaque soldat.

Certes, l'intervention de la nourrice de la maison du sevrage, des pré-

cepteurs, du pensionnat, de l'apprentissage, de la profession qui sépa-
rent depuis le berceau jusques à la tombe, certains enfants du plus
grand nombre des familles, auraient dû nous convaincre par la per-
sistence des sentiments qui triomphent si bien de tous ces obstacles :
que le dernier soupir de l'homme enlevé à la famille est pour le
pays natal ! et alors, pourquoi rejeter sur un si puérile motif l'offre
des biens matériels sans lesquels la famille voit tomber sur elle
d'autres ferments de dissolution plus redoutables encore, comme
il en est de la séduction ou *pluie d'or*, si puissante sur la disette
familliale.

Le sol intégralement géré pourvu de compartiments utiles au
sanctuaire intime de la famille prise dans sa plus étroite dimen-
tion, pourvu également de vastes salles de réunion pour les familles
qui ont entr'elles des liens de consanguinité ou d'affection ; le sol har-
moniquement disposé pour la grande et la petite culture agricole, la
grande et petite industrio, le grand et petit commerce, n'est-il
pas au contraire mieux approprié au développement des saintes
affections de famille que la distribution incohérante si féconde en
luttes, procès et discords ? Livrez-vous un peu plus à l'étude et
un peu moins à la peur de perdre ce que vous avez sauvé du
naufrage politique, ou le bien de tous les autres s'est noyé, Messieurs les conservateurs ! et vous comprendrez la transformation
qui tout à la fois, augmente et conserve !! Sachez comprendre que
Raphaël jetant la couleur de son pinceau sur le panneau d'une des
portes de votre chambre, au lieu d'en altérer la valeur, lui donne
un prix supérieur à celui de la maison dont le panneau fait partie !!
étudiés, objectés, c'est votre droit ; mais après l'objection, rendez-
vous à l'évidence.

FIN.

Avignon — Imp. Vve GUICHARD, rue de l'Hôpital, 22

TABLE

DES MATIÈRES.

TITRE IV.

TITRE V.

FIN DE LA TABLE.

ERRATA.

A la 8e ligne de la page 50 lisez *l'empirée* au lieu de l'inspirée.

A la 14e ligne de la page 57 lisez *dépendu* au lieu de déquendra.

Au premier mot de la 5e ligne, page 60, lisez *agents* au lieu de agenis,

Page 65, au chapitre 5, 1re ligne lisez autres *Indices*, au lieu de autres Judices.

A la 18e ligne, page 87, lisez qui le *convoite* au lieu de qui le conçoit.

A la 21e ligne de la même page lisez la loi *sociale* n'abolit rien, au lieu de *la loi n'abolit rien*.

A la 18e ligne page 65, lisez *deux* autres au lieu de trois autres.

A l'introduction à la pratique du système de Fourrier.

Page 19, ligne 19 lisez le bœuf va au *joug* et non va au sang !

Page 26 4e lisez *seul* ton continu, et non son ton continu-

Page 32, ligne 17 lisez *exalte* et non exulte. — Page 55, ligne 25, lisez organisons *donc* et non organisons dans.

Page 57, ligne 15, lisez contrat *aléaloire* et non aléatoire

Même page, ligne 26, lisez *corruption* et non correption.

Page 44, 1re ligne, lisez *méthode* et non méthope.

Page 45, ligne 7 lisez *précède le don du pain*, et non, précédé du pain.

Même page, 11e ligne lisez *et comme il ne sortira*, et non, et quand il ne sortira.

Page 46, ligne 13, lisez *élever* et non élexer.

Page 136, ligne 25, lisez nos pères sans *nous*, et non pas nos pères sans *dons*.